命理生活新智慧・叢書 116

天天『強運』一番

金星出版社 http://www.venusco555.com
E-mail: venusco555@163.com
法 雲 居 士 http://www.fayin777.com
E-mail: fatevenus@yahoo.com.tw

法雲居士⊙著

金星出版

國家圖書館出版品預行編目資料

天天『強運』一番／法雲居士著，
--臺北市：金星出版：紅螞蟻總經銷，
2012年03月 初版；面；公分—
（命理生活新智慧叢書；116）

ISBN：978-986-6441-62-2（平裝）

1.命書
293.1　　　　　　100026035

天天『強運』一番

作　　者：　法雲居士
發 行 人：　袁鴻馨
社　　長：　袁光明
總 經 理：　王璟琪
編　　輯：　杜靖婕
出 版 者：　金星出版社
社　地址：台北市南京東路3段201號3樓
電　電話：886-2--25630620•886-2-2362-6655
傳　FAX：886-2365-2425
郵政劃撥：　18912942金星出版社帳戶
總 經 銷：　紅螞蟻圖書有限公司
地　　址：　台北市內湖區舊宗路二段121巷28・32號4樓
電　　話：　(02)27953656(代表號)
網　　址：　http://www.venusco555.com
E-mail　：　venusco555@163.com
法雲居士網址：http://www.fayin777.com
E-mail　：fatevenus@yahoo.com.tw
版　　次：　2012年03月初版
登 記 證：　行政院新聞局局版北市業字第653號
法律顧問：　郭啟疆律師
定　　價：　450元

行政院新聞局局版北字業字第653號

ISBN：978-986-6441-62-2（平裝）

（因掛號郵資漲價，凡郵購五冊以上，九折優惠。本社負擔掛號寄書郵資。單冊及二、三、四冊郵購，恕無折扣，敬請諒察！）

序

《天天『強運』一番》這本書，是為了呼應在日本即將出版的同名書，而取的書名。

『強運』就是『旺運』。每個人都希望時時刻刻擁有『旺運』。但是卻常有人是『時運不濟』的時候。因此，研究『旺運』到來與長期擁有『強運』的狀態，就是現代人每天要努力的功課了。

『運氣』看起來是捉摸不定的東西，但是你每天都感覺得到它。例如：今天你過得愉快嗎？你快樂嗎？這表示今天你運氣還不錯，很好！如果今天的你遇到生氣、傷心、難過的事，你一定覺得今天糟透了，運氣壞極了！這就是每天對『旺運』的強弱感受。

有的人每天迷糊過日子，根本不知道自己當天是強運？弱運？好運？壞運？就像人走到『空宮運』的運氣時就是如此！這要提醒你了！千萬要小心！『空宮運』就是『弱運』，但只要處處小心，多注意『對你命格有傷害的事』，即使是弱運或『空宮運』也不可怕了。再加上你要精確的計算，在『好運』時努力向成就進攻，『壞運』、『弱運』時靜守。這種『進可攻、退可守』的法則，就天天可保持在『旺運』、『強運』一級棒的優良狀態了。

每個人的命格中都有『宜忌』的問題。『宜忌』問題就是命格中五行配置的問題。也就是『喜用神』的問題。『宜』是對你的命格有利的事。『忌』是對你的命格不利的事。通常人走到對自己有利的年份則會有強運、運氣好。走到對自己不利的時候及流年，則會遇到衰運、倒霉的事。

例如：命體喜用神要『木火』的人，走『木火年』的運氣特棒，走『金水年』的運氣不順，需要多穿暖色調衣服、用品，待在南方，是接近、靠近赤道的方位努力生活，便能日日平安、天天快樂過日

天天『強運』一番

子。命體喜用神要『金水』的人，走『金水年』的運氣特棒。走『木火年』的運氣時萎靡不振，運氣衰弱。

但每個人只要好好把握自己每天的『強運時間』(時辰)，也能創造出『天天強運一級棒』的快樂人生了。祝大家天天都愉快，每天都好運連連。

法雲居士　謹識

命理生活叢書116

天天『強運』一番

目錄

月、一天或一個時辰不等。一個時辰以下的好運實在太短暫了，我們在此不談，只以『流年』、『流月』為主要，『日』、『時辰』為副要的為你解說。

『強運』在一般人的感覺裡，程度是不一樣的。某些人感覺深刻、某些人根本沒有感覺，為什麼會有這麼強烈的差異？這是因人而異的。某些財星坐命的人，像『天府』、『武府』坐命的人，一生衣食無缺且富裕一生，根本沒有金錢的煩惱，且加上六親緣好的話，他所行運的時間裡，起伏又不明顯，所以根本沒有感覺到運氣的旺弱之分了，這就是『人在福中不知福』的含意了。

那些人會覺得運勢起伏很大，旺弱運之分很明顯的呢？當然是本命坐在『殺破狼』格局上的人，還有那些是有『偏財運』的人，是較愛常常去計較、算計強運時刻的人，他們對『強運』、『弱運』的問題也是非常敏感的了。

此外像『天機』、『太陰』、『天同』、『天梁』坐命的人，一生的財只是平順，不是非常之多，因此他們對於『強運』的要求也不高，故而『平順』就是他們的強運了。

再像坐命在『羊、陀、火、鈴、劫、空』這些星曜的人，因為在命格中，身體常受到傷害、住醫院，故而賺錢的時候是『強運』，受血光之災的時候是『弱運』，『弱運』常比『強運』多。

陽』、『天梁』居旺的流年裡，聲名較旺，若再加『化權』、『化祿』、『化科』，氣勢更形磅礡。

『聲名運』的先決條件是『陽梁昌祿』格在四方三合位置，必須組合完整，則更旺。若缺一星，或格局破碎，則運不旺。

『吉事運』

『吉事運』可屬一般的『強運』，凡是吉星居旺時，流年、流月中遇到，都有『吉事運』。遇此『強運』、做事順利、辦事能力強，凡接洽事情，做決定、參加面試、與人洽談、談生意、對別人多所要求，都會有『吉運』。

『吉事運』裡，以『紫微』、『天府』、『天相』、『天同』、『天梁』、

『貪狼』等流年、流月坐星為最吉，當他們居旺時，再加『化權』、『化祿』、『化科』等星，更是如魚得水，或是虎虎生風，要風得風、要雨得雨的順利了。

『貴人運』

『強運』中的『貴人運』和一般的強運較不同了，『貴人運』裡需要的主星是『天梁』、『左輔』、『右弼』、『文昌』、『文曲』等星。因為其中包含了『陽梁昌祿』格中的兩顆星，所以你也看到了，『官運』也是需要貴人提拔的，故而『貴人運』對官運也是非常重要及有影響力的了。

在『貴人運』中，『天梁』、『文昌』、『文曲』，也必須居旺，否則沒有幫助、會孤立無援，沒有貴人。

『左輔』、『右弼』是沒有旺弱之分的，因此到處為福。**『左輔』代表著平輩的男性貴人，『右弼』代表平輩的女性貴人，**他們會在一旁默默的出現，幫助你做事順利、完成任務，或是幫你進財。當這兩顆星出現在流年、流月中，你就可以自己觀察在你身旁是否有這樣的人出現？告訴你，這是非常準的喲！

普通政治人物，大企業家、主管級的人物，都需要這顆『貴人星』，而且在他們的命宮、遷移宮、兄弟宮、僕役宮、官祿宮中，都會出現這些『貴人星』，表示會有左右手幫忙，這就是他們為什麼成功的原因了。

第二節 『強運』起動的高潮點與時間標的

『時間』是宇宙中的奧妙玄機

『時間』是改變一切的影響力，在人生百年當中，真正有用、有生產力的年歲，只有六十年。而六十年中前三分之一的時間，你又處在教育學習的階段裡。因此真正能創造事業、經營財富、享受美麗人生的年數，只剩下短短的四十年了。

要如何來把握這四十年的光陰，使自己成為一個頂尖拔萃的人，而又無怨無悔的過完人生的黃金時期呢？這就是一個大學問了！

我們在求學的時代，常聽師長告訴我們要『把握人生』。很多勵志的書籍上也教我們要『把握人生的黃金時代』。但是有幾個人做到了呢？

在我為人相命的生涯裡發現：絕大多數（幾乎近於全部）的人，是隨命程的起伏高高低低、搖擺不定的。因為誰也不知道在他面前的人生道路上，前面是坎坷？還是一帆風順？甚至某些人在人生的大海裡迷航了！

人生規劃

目前有許多演講家流行傳遞『規劃人生』的理論。人生當然可以規劃，但並不是每一個人都能全然掌握的。倘若一個人在命程裡出現了弱運的時間，而這個弱運的時間又長達兩、三年或十年之久的話，那這個人的人生規劃，就完全是紙上談兵，無從發揮了。

又例如一個人三十歲的運程是財星當旺，但是在人生規劃裡，他是要去讀書求取高學位。讀書當然會很順利的讀完，但是當他想回過頭來賺錢時，卻已無財星的幫忙，因此變得書讀得多而窮困了。這讓我想起在美國時看到的一些四十多歲才拿到博士的先生們，博士是拿到了，卻賦閒在家沒有工作，窮困度日的境況。

這些人已到了窮困的地步，才會想到請我為他看看，到底人生在那些地方出了差錯？可惜已浪費了這麼多年！只剩下十幾年可奮鬥的時間了。

『時間』是微妙的東西

『時間』是一個極其微妙的東西！筆者在經過幾番大起大落之後，對『時間』產生了極大的覺悟，因此希望把這些經驗分享給各位讀友。

倘若你現在已有三十幾歲到四十歲的年紀，你可以回溯往事，看看在你已經歷過的生命中，有那些年是一帆風順的？有那些年是運氣欠佳的？你可以將它們一一寫下，再與目前的狀況作一比較。

例如：上一個『子年』和這一個『子年』作比較。上一個『龍年』和才過了的這個『龍年』作比較。你會發覺有許多某種程度的相同處。

倘若你在三十歲左右所逢的龍年是不錯的，你會發覺現在所處的這個龍年也不錯。倘若上一個龍年非常差，你會發覺目前這個龍年也是不順，錢財難賺。

整個大環境也是如此的。我們可以看到民國七十二年是亥年（豬年）。那時候股票市場崩盤跌停，經濟一片淒迷。到民國八十四年又逢豬年，雖然儘管大家企盼它是一個『金豬年』，但又是經濟不景氣，災禍特別多。主要是因為豬年的流年歲星裡有天狗、伏屍等煞星的緣故。

但是也有不一樣命程的人，在別人哀哀嘆息時，也有人正財源滾滾呢！我認識一位印刷廠的老闆，他在經濟不景氣的時候，別人都停工沒有工作之餘，他卻是二十四小時的拼命工作著，也因此鈔票滾滾而來了，你說這不是『命』和努力相合的成果嗎？

既然如此，我們要如何成為那個幸運的人？找到屬於自己的時間呢？

首先來談人生規劃的問題，人生是須要規劃的，但在規劃的同時，你要注意『時間』的重要性。

『強運』的時候『攻』

在我的另一本書『如何算出你的偏財運』中，我告訴你紫微命盤是你個人的藏寶圖。這是一點也沒錯的，你要尋找『強運』，就必須用此藍圖來推算。命盤上可一目了然的看到了你一生運程起伏的狀況。

當星座居廟旺時，吉星更吉，凶星也少為禍。當星座居陷位時，吉星不能為福，煞星更是小鬼難纏，帶來極大的災禍。因此你要先分辨清楚。

但是有幾顆星是沒有旺弱之分的，到處為福，真是仁者之星了！例如『紫微』、『天府』、『祿存』、『化祿』、『化權』、『化科』等星。雖說它們沒有旺弱之分，可是若與它們同宮的星曜居旺，當然是不錯。若與之同宮的星曜是居陷落的，這些星也會受到影響為福不多了。

再之，一個人的運程，若相連的三、四個宮都是吉星入座，把握了這三、四年的流年強運，積極衝刺，大步邁進，這個人的成就一定會很高的。

又倘若一個人的運程裡，一年是吉星當旺，下一年逢煞星陷落。又一年好，又一年壞。那個人肯定是很辛苦的。運程起伏多波折，成就也好不到那裡去了。這種狀況我在後面的章節會談到如何破解的方法。

人生中三個主要格局

在人生中主要有三個格局來統籌人生的運程：

一、是『陽梁昌祿』格局

二、是『機月同梁』格局

三、是『殺、破、狼』格局

『陽梁昌祿』格局

在每個人的命盤中都有『太陽』、『天梁』、『文昌』、『祿存』和『化祿星』來組成『陽梁昌祿』格。這些星有時是在四方（中間相隔兩個宮）的位置，有些是在三合的地帶（中間相隔三個宮）。在這個格局裡，若有二個以上的星居廟旺，這個格局就算是『強運』了。在流年、流月逢到這個格局中的任何一顆星，在相互照會之下，都可招財進寶，升官發財，名聲遠揚，升學考試都很順利。

例如李登輝先生，『天梁化祿』坐命午宮廟旺之位，子年雖為『太陽陷落』，但對宮『天梁化祿』相照，流年還是不錯的，在選舉中大獲全勝，當選中華民國第一位民選總統。

『機月同梁』格局

在所有人的命盤中也是都有這個『機月同梁』格的。這個格局是由『天機』、『太陰』、『天同』、『天梁』四顆星組成。它們通常出現在四方三合的位置上，算是比較完整的格局。在這個格局中若有兩個以上的星居旺位，你在流年、流月逢到，運勢是吉祥平順的。

書云：『機月同梁作吏人。』這裡所指的吏人，不只泛指是公務員。也可指一般上班族。在財運上、官運及一切的運氣上，可延伸至平和、順利的意境。

在這個格局裡若『天機居旺』，會使你的人生產生變化時是好的變化，更上層樓的變化。**若『太陰星居旺』時，**使你的財祿不斷，汩汩的流進你的口袋。『天同』、『天梁』這兩顆星是福星和蔭星。**『天同**

居旺』，坐享財利，輕鬆的享受福份，人也不必操勞，就能獲得了。**若是『天梁星居旺』**，能得長者賜財，有貴人幫忙好運，名聲和官運亨通。

因為這個『機月同梁』的格局，和『陽梁昌祿』的格局中，都含有『天梁』這顆主貴的星，所以在形式上兩個格局是交叉應用的。

『殺、破、狼』格局

每個人的命盤中也都有『殺、破、狼』格局，它們只在三合地帶中出現，因此是最整齊的一個格局。不像某些人的『陽梁昌祿』格與『機月同梁』格，會有破碎或不在其位的『不成格局』的問題。

『殺、破、狼』格局是由『七殺』、『破軍』、『貪狼』三顆星

以鼎足三立的姿態出現。當流年、流月逢到這三顆星中的任何一顆時，你就是正坐在『殺、破、狼』格局的流年、流月上了。在這個時候，你的人生會產生某些變化。當這個格局中有二顆星處在廟旺之位時，你一生的運氣都算不錯了，因為它已控制了你三分之二的人生都在好運上。

七殺運

當流年、流月逢到『七殺星居旺』時，你很能打拼，賺錢很賣力，也賺到了許多的錢。工作、金錢運是極佳的。但是因為忙碌的關係，你可能忽略了家庭裡與親人或朋友的關係。你必須要注意了！不要等到這個運程過了，才發覺親人跟朋友都疏遠了。

破軍運

當流年、流月逢到『破軍星居旺』時，你是個創業家，又開始發展一些新的事務。『破軍』也有除舊佈新、再重建的意味，因此你也會花很多錢在改變你周圍的環境上。

在古代，『破軍星』出現的年份、月份，就是暴發戰爭的年份、月份，古代軍中出戰時，也祭拜『破軍星』。由此可見『破軍星』是個好戰的星。好戰必有破耗，故『破軍星』當值的年份、月份，就是你花錢、浪費最多的年份、月份了。

『破軍星』若是居旺的話，倒不如利用此時去投資。因為此時是你最大方的時間，與其破耗掉了錢財，不如投資在事業上或學業上，以後都會得到較好的回報。

貪狼運

當流年、流月逢到『貪狼居旺』時，你的人緣很好，利於交際應酬，繼而使你升官發財。若有『火星』、『鈴星』與『貪狼星』同宮或相照，會爆發『偏財運』。如此，財運又不同於一般的強運了，是極旺！

『貪狼』屬木，也利於學業、文職等科目。尤其是再加『化祿』、『化權』、『化科』來會，更是如虎添翼，平步青雲。我自己的女兒，就是教她利用這個『貪狼化祿』的流年力量，考上理想的國立大學的。關於這一點，我是引以為傲的。這也是我長期宣揚利用『時間』改變命運的最好實證。

倘若你只有一顆星居旺時，怎麼辦？

倘若在你『殺、破、狼』格局中，只有一顆星居旺的話，我建議你先看看是那一顆星？再看看居於何宮？在那一年會碰到？

在你的流年、流月碰到這顆居旺的星曜時，你可以積極衝刺，力爭上游。不管你是在求財、升官，或是求取學業，只要努力都不會白費，可幫你達成所願。

其他的兩顆陷落的星，當流年、流月碰到時，你就要小心謹慎，減低花費，減少人際關係的應酬以避免是非破耗。此時是你多讀書的時刻，多增加與自己相關的專業知識，或一些人生必知的學問，可幫助你在強運時，有更多可應用的法寶及更宏廣的空間，讓強運發得更旺！

『弱運』的時候『守』

人在『弱運』的時候，心情多半心灰意冷，晦暗不明，倘若是逢『太陽星』陷落再加『羊、陀』，會有自殺的念頭。

什麼時候算真正弱運的時候呢？在我覺得是『煞星』（破軍、羊、陀、火、鈴）居陷落的時候，災禍最嚴重。其次尚有『天機』、『巨門』、『化忌』、『廉貞』等星陷落時，會帶來是非、官禍、敗財等災禍。

再有在『陽梁昌祿』格中，『太陽』、『天梁星』陷落時，會帶來人生晦暗，辛苦勞碌，馬不停蹄的忙碌卻沒有收獲。

財星如『太陰』、『武曲』等星陷落時，沒有錢財也沒有人緣，生活困苦，也會造成人的運氣衰竭成為慳吝的小人。

『**天相**』、『**天同**』**居平陷時，**雖是福星，但是很忙碌，又會遇到災禍。忙正事的時候少，忙吃喝玩樂的時候多。也可說是花錢敗財的時候多，進財的時候少，常會不小心遇到傷災或不好的事，故也算是弱運了。

在『殺、破、狼』的格局裡，倘若是『貪狼』、『破軍』居平陷位，在流年、流月碰到了，雖然運氣很不好，但仍然愛衝刺拼命，想在人生中打開一條血路。但是愈做愈錯，耗損愈多。再加上血光車禍等身體上的傷害，讓你住進了醫院，又造成了金錢上的破耗，豈不更糟。所以『弱運』的時候要『守』，就是這個道理了。

在『殺、破、狼』格局裡，碰到『貪狼星』陷落時，是『廉貞、貪狼』同宮的時候，沒有人緣，人見人厭。做事不順，當然進財也困難了，運氣怎會算好呢？

破解的方法

如上述種種的問題，最好的辦法，當然是儘量減少破耗，利用以前積留的福德、財富來蓄養這段弱運的時段，以等待下一個『強運』期，就是這個道理了。

倘若你沒有堅守這個法則，在弱運時繼續破耗不斷，在強運期到來時你已一文不名。一切從頭來過的辛苦，會讓你對以前的破耗悔恨不已。

我常說：人在弱運的時候，頭腦思想是不夠清楚精明的。很多人在弱運的時候被騙、被借去錢財不還、或是做了錯誤的投資而損失等等。並不是他們甘心被騙，或是不去思考。有時想得很多還是一樣，就像是鬼使神差一般的踏入陷井。為什麼會有這種狀況發生呢？

倘若你有這種經驗，那你就該打開你的『紫微命盤』看看：在這些被騙失財的流年年份、流月的月份中，是不是有『天機陷落』、『巨門陷落』、『破軍陷落』、『七殺加煞星』、『廉貞陷落』、『羊、陀陷落』、『火、鈴陷落』、『劫、空等星』。

當這些『煞星陷落』時，而你的流年、流月正逢到，你就會傾向一種容易聽信別人只說好的一面的狀況。當正直的人給你建議時，你卻無法接受，或者是當時在你身旁根本沒有貴人，可以給你建議。

當一個人的弱運走到『天機陷落』、『巨門陷落』、『破軍陷落』、『七殺加煞星』、『天梁陷落』、『廉貪居陷』、『羊、陀陷落』、『劫、空』時，最喜歡聽信利用神佛的力量使自己改運，因此往往受到有心人士的佈局，所以在這一回合中，你就敗得很慘了！

第三節　自助人助的『強運』方式

運氣有旺有弱

一般人以『金錢』的獲得，作為他們度量『強運』的標準。也有人以『官運』、『聲名運』為『強運』的標準。

其實在命理學上的『強運』應以『平順』為主。平順就是一種『強運』。可是大多數的人，並不同意這一點。命理上認為大起之後，必然大落，這是自然的法則。就像氣有生、旺、休、咎。一般運氣的運行也是這樣的。我們可以看到，在五行局中有長生、沐浴、冠帶、臨官、帝旺、衰、病、死、墓、絕、胎、養，這十二神。其實這十二神就是告訴你運氣運行的方位與旺度了。

從長生到帝旺，彷彿像是一個人的幼年到中年。『長生』是『強

天天『強運』一番

運』的起點。『帝旺』是『強運』日麗中天的時候。接下來，就到了衰弱期、病痛期、死亡期、入墓期了。再接下來又重新如同孕育了一個新的生命（尚在胚胎的形式、肉眼所不能見的），然後再慢慢滋養。在『胎』及『養』的兩個形式中，都是我們肉眼所不能見的狀況下進行的。屬於一種陰暗的，地下形式的像細菌般的生長模式。

其實『運氣』這個東西，是我們無法用肉眼看見的，只能用感覺去試探它的存在。在從『生旺期』到『入墓期』為一種『有感』的『運氣』形式。從『入墓期』到『胎』、『養』、是一種『無感』的運氣形式。這兩者的分類點就是『絕』這個氣。

運氣到『墓』時，已完全停止活動了。**到『絕』的時期，**則完全消失，沒有了。**其實，這也是一個新的開始，慢慢再重新經過『胎』、『養』的程序再發展出一個新的運氣。**中國的『易經』就是一本專門探討運氣的書。

五行局中十二神的『運氣生旺表』

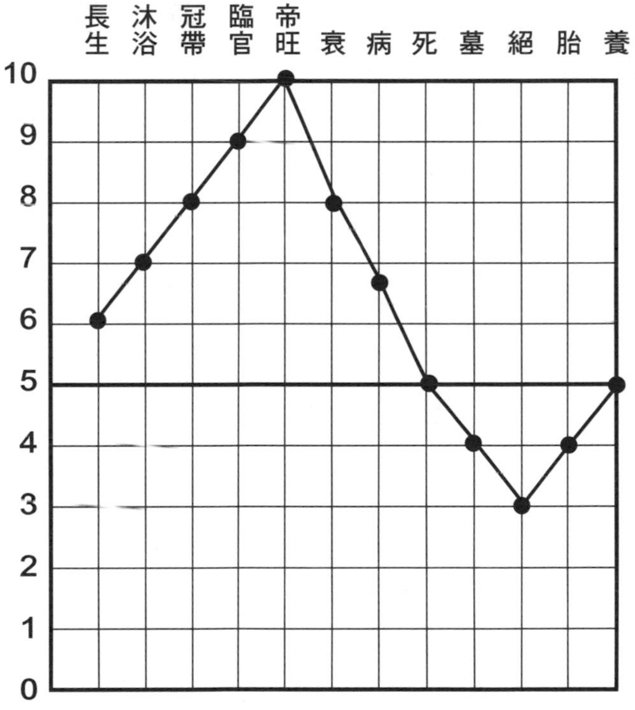

(圖一)

在我們知道運氣有一定的運行方式之後，接下來看『強運』的要件：

強運的要件

一、**首重本命命宮的主星居旺。**不管你本命命宮裡的主星是吉星居旺或是煞星（羊、陀、火、鈴、七殺、破軍等）居旺。吉星更吉。煞星居旺時，也不會為禍（可說是為禍不多）可讓四方、三合的吉星發揮強烈的助長『強運』的功能。

二、**流年、流月中的流年命宮與流月命宮的主星，必須是吉星居旺。**流年命宮、與流月命宮是你當年、當月所身逢之運氣，當然必須吉星居旺才算『強運』。

三、**『強運』必須要有連接持續的狀況出現，才算是真正的『強運』。**『強運』必須有三年以上的連續性，才會有用。我們可以看看紫微在丑宮的人，一、兩年平順，接下來二、三年弱運，再一、二年平順，再二、三年弱運，這種走一步退兩步的狀況，如何能稱做『強運』的命格呢？因此『強運』的流年必須要有持續性，才能發揮『強運』的作用。

四、『暴發運』即是所謂的『偏財運』也是一種極度的『強運』，在『偏財運』之後的一年也必須是吉星居旺的流年坐星，才能保持長久。

第四節　天生自我的『強運』模式

在每個人的命盤裡，都有『紫微』、『天機』、『太陽』、『武曲』、『天同』、『太陰』、『貪狼』、『廉貞』、『天府』、『天相』、『天梁』、『巨門』、『七殺』、『破軍』、『祿存』、『文昌』、『文曲』、『擎羊』、『陀羅』、『火星』、『鈴星』等二十一顆主星。『左輔』、『右弼』、『天魁』、『天鉞』，四顆輔星及『化權』、『化祿』、『化科』、『化忌』四顆化星。

其中『紫微』、『天府』、『祿存』、『左輔』、『右弼』及『祿星』（祿存、化祿）、『貴星』（天魁、天鉞）、『權星』（化權）、『科星』（化科）是沒有旺弱之分的，因此都可直接的帶給你吉祥的『強運』。這是屬於每個人都有的『強運』星曜。

我們發現人的運氣常隨流年、流月所坐命宮的主星而發生變化。實際上，人的外貌也是隨流年命宮、流月命宮所值之星座的旺弱而有所變化的。這麼說，一點也不假！

你可以仔細觀察你自己或你周遭的好朋友，當你或他們在走『紫微』、『天府』、『天相』、『天梁』，這些居旺的星為流年、流月的運程

時，你會發現自己或朋友，都是氣定神閒，做事輕鬆容易、辦事效力高。本人的個性較溫和、思慮清楚、明確，不會被人左右。在外面所遇的環境都非常好，讓你辦事順利，很少遇到討厭的人。因此你的情緒非常穩定、寬容。就算是偶而遇到一個暴躁的人，不愉快的事，你也能平心靜氣的加以解決。

你再觀察，倘若你或朋友在走『七殺』、『破軍』、『擎羊』、『陀羅』、『火星』、『鈴星』等流年坐命星的運程時，你自己或朋友的性情很急躁，做事速度快而潦草。好像內心有一股莫名的催動力量，在逼迫你快點！快點！快點！所以你或朋友便不由自主的心煩起來，衝動起來，加快了步伐前進。外貌也會變得臉臭臭的了！

再觀察，當流年、流月逢『天同』這顆『懶福星』的運程時，你可是懶洋洋的不想動呢！若『天同居平陷』，你們可是心裡很急想作點事，身體卻不想動。或是忙了半天，都忙些玩樂的事，正事卻一點不想碰！

再看看，每次你受傷（大、小血光）的時間，其流年、流月裡是不是正逢『羊、陀』入宮的運程。『擎羊』也是『羊刃』。『羊刃』坐流年、流月裡最準。『陀羅』是牙齒和手足的傷害。

我們有了這些資訊，就可以在命盤上找出『強運』的年份、月份。也可以找出不吉的年份、月份加以小心防範。

『吉星』每個人都有，『凶星』每個人也都有。只是隨所生之生年與『紫微』所落坐的宮位，讓這些吉星與凶星的配置有所變化而已。因此『好運』是每個人都擁有的，『弱運』也是每個人都擁有一些。如何在『強運』加快速度，辦一些你認為重要的事情和決定。例如參加考試、或另找工作之類。『弱運』時則放慢腳步，以靜觀變，等待下一個『強運期』，這才是擁抱『強運』、明哲保身的最佳方法。

第二章　人生中可利用的『強運』周期表

1 『紫微在子』命盤格式的『強運』周期表

當你的命盤組合是『紫微在子』命盤格式的時候（如圖二），我們可以從氣運圖上（圖三）看到你一生的運氣。

1.紫微在子

太陰(陷) 巳	貪狼(旺) 午	天同(陷) 巨門(陷) 未	武曲(得) 天相(廟) 申
廉貞(平) 天府(廟) 辰			太陽(平) 天梁(得) 酉
卯			七殺(廟) 戌
破軍(得) 寅	丑	紫微(平) 子	天機(平) 亥

(圖二)

『紫微在子』命盤格式
運氣曲線圖

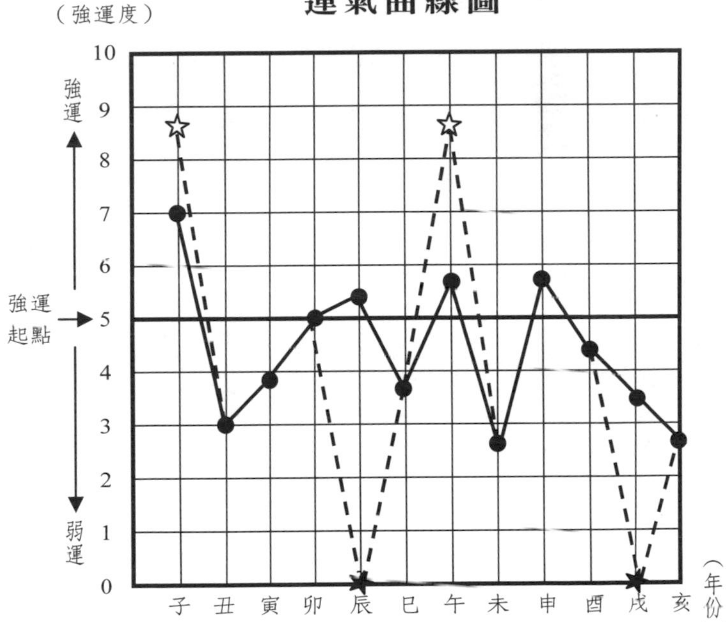

(1)上部☆星點為『火貪』、『鈴貪』爆發『偏財運』的強運。

※『火貪』、『鈴貪』等『偏財運格』是人生中最高、最旺之『強運』

(2)下部★星點為『廉殺羊』的惡運終點。

(圖三)

天天『強運』一番

第一個強運高潮點

你一生的運氣以『子午年』為最好，也就是在鼠年及馬年的時候是第一個強運高潮點。因為在『紫微星』、『貪狼星』的相互照映之下，萬事皆吉，人緣特佳，而且還會有一些意外的好運。倘若你的職業與人際關係有關，可以好好利用這兩年的時間，發展人際關係將是無往不利的。

形成『暴發運』的出生時辰

在這個『紫微在子』的命盤組合裡，若是在下列的時辰出生的人，在命格上都會形成『火貪格』、『鈴貪格』，會產生爆發型的強運，也就是我們俗稱的『偏財運』、『暴發運』了。

寅午戌年生的人：生在巳時、亥時，有『火星』。(巳時偏財運最強)
生在卯時、酉時，有『鈴星』。(卯時偏財運最強)

申子辰年生的人：生在辰時、戌時，有『火星』。(辰時偏財運最強)
生在寅時、申時，有『鈴星』。(申時偏財運最強)

巳酉丑年生的人：生在卯時、酉時，有『火星』。(卯時偏財運最強)
生在寅時、申時，有『鈴星』。(申時偏財運最強)

亥卯未年生的人：生在卯時、酉時，有『火星』。(酉時偏財運最強)
生在寅時、申時，有『鈴星』。(申時偏財運最強)

當『火貪格』、『鈴貪格』在子、午年形成時，在人生、在事業上和財富上都會帶來突起的重大變化。也會讓人意氣風發，不可一世。但是在這個『強運』的格局之後，還是有一些隱憂存在，因為接下來的一年走得是『天同星』與『巨門星』陷落的運程，又會讓你像是坐雲霄飛車一般的急轉直下，煩惱不堪。再接下去的一年若又是一個『廉殺羊』、『廉殺陀』的格局，大好之後的大壞，就立顯分明了！

因此你要有控制自己情緒的能力，持盈保泰、趨吉避凶的本事，才能把人生過得平順。

第二個強運高潮點

『紫微在子』的命盤格局中的第二個『強運』高潮點在酉年（雞年）。『太陽』、『天梁星』入宮當值，這是一個『陽梁昌祿』格的基礎格式，凡具有『紫微在子』命盤格式的人較容易擁有此格。這是利於考試及升官，大顯威名的運勢。在這一年中考試能得心應手得到好的成績。作事的人能升官揚名，但是在錢財上的獲得卻較少。

卯年的運勢，因處於『空宮』，『太陽』、『天梁』在對照的位置，運勢較弱，但仍能得到『陽梁昌祿』格的美名，只要沒有煞星（火、鈴、羊、陀）等同宮或對照的話，運氣還是不錯的。

第三個強運高潮點

第三個高潮點在申年（猴年），有『武曲』、『天相』同宮，代表著財富穩定的成長，萬事順利，生活舒適。但是對宮有『破軍星』相照，『破軍星』是一個喜愛衝鋒陷陣的將軍，因為這顆星的擾亂，會讓你在平靜舒適的生活中，又想開拓打拼新的事業與從事新的事務，根本靜不下來。

『破軍星』也讓你耗財很多，製造出許多破財的機會。反正『財去人安樂』，只是事後隔了很久你才會心痛。

因此，在寅年『破軍星』當值的時候，你就是在不斷的打拼，與不斷的大小破財中渡過的。所幸對宮的『武曲』、『天相』的幫忙，老天也會讓你有足夠的錢財來應付這些麻煩的。

弱運低潮點

在這個『紫微在子』的命盤格式裡，低潮點在丑年（牛年）、未年（羊年）、巳年（蛇年）、亥年（豬年）。

丑、未年是因為『天同』、『巨門星』一起陷落的關係所影響的。巳、亥年則是『天機』、『太陰居平陷』所造成影響的，這兩個格局有明顯的不同。

首先來談丑、未年『天同』、『巨門』這組星。『天同』居陷和『巨門陷落』的時候，人常感到辛苦，奔波忙碌，是非又多，讓人充滿了無力感。『天同陷落』，無力造福，只能造成心境上的怠惰感。

『巨門陷落』，是非糾纏不清，造成對人對事的疑惑更深，常令人在思路上短路，所做出的事情常受到別人的攻擊，尤其是口舌上的是非尤烈。我們可以看到某些政治人物常因言語上的用辭不當，而遭眾人圍勦的情況，**這就是『同巨居陷』所帶來的困擾了！**因此人在走這個運程時，是不能不小心的，以少說話為妙！

巳、亥年當值的『太陰、天機』這組星。『天機居平、太陰居陷』。因此在命途的運程中變化較多，卻又是不佳的變化。讓人在事業、家庭、錢財、學業、處世上都覺得困難重重。

『太陰陷落』，與女人的關係又不好，很多『紫微在子』命盤格式的男人逢此運時在這兩個年份離婚，使人生與生活上產生了很大的變化。

女人碰到『太陰陷落』也很慘，常遭騙，被自己要好的女性朋友騙去錢財等等，然後又不甘心，惹出更多的問題！

總而言之，有這顆『太陰陷落』的人，在走這個『太陰陷落』的運程時，不管是男是女，在家裡時和家中的女人都處不好。在外與女性朋友、女同事，甚至是偶然在店中遇見的女店員，都會有不順的情況發生，好像處處吃女人虧似的。其實知道了這個道理，自己端正自己的行為，儘量隱忍避免是非，渡過了這個太陰陷落的流年、流月，一切都會改觀的。

巳、亥年的這組『天機』、『太陰』相對照的星，實際上也是『機月同梁』格中的兩顆星，我們在命盤中的三合地帶很容易的找到了『天同』、『天梁』兩星，因此這個格局形成的非常完整。命書上說：『機月同梁為吏人。』主要是因為擁有這個格局的人（天機、太陰坐命的人），財運都不怎好，尤其『太陰』是財星又居陷位時，財務不穩，只有從事按時發薪水的公務員，才不會發生財務上的困難。

雖然『天機』、『太陰居平陷』肯定是有阮囊羞澀的煩惱，但是戊年生的人有『祿存』在巳宮，壬年生的人有『祿存』在亥宮的時候，因『祿存』這財星居廟旺入宮，情況就大大的不一樣了！運氣跟財運也會擁有至少是小康的局面了。

『廉殺羊』的隱憂

在『紫微在子』命盤格式中，在辰、戌宮的這組星曜中，『廉貞』、『天府』同宮，和『七殺星』相對照。如此的形勢，讓你非常忙碌，在你認真的計劃之下，也賺了不少錢財，生活是在一種穩定持續的忙碌中渡過的。心中有目標，人也顯得神彩奕奕，特別喜歡交際應酬，運氣還算不錯。

但是…但是…在這個格局中乙年、丙年、辛年、壬年生的人，很容易的碰到『羊、陀』同宮、對照。在大運、流年、流月三重逢合之下，有性命堪憂的困擾。因此在這個三重逢合的交集點時，最好放下一切到寺廟修禪，躲過這一劫！否則沒有了生命，也是萬事皆休了！

尤其是在這個『紫微在子』的格式裡，而又是『廉府坐命』或是『七殺』坐命宮的人，而又生在乙年、丙年、戊年、辛年、壬年的人，你要注意了！

『廉殺羊』、『廉殺陀』、『化忌加擎羊』的劫數是不得不防的呀！

除去這一劫的交集點，其他的時候如年份（龍年、狗年）或月份（流月）碰到，也要份外小心！譬如血光、車禍的發生。

同時在這個『紫微在子』的基本命盤格式裡，『廉府坐命』的人和『七殺坐命』的人，與母親不是無緣在一起，就是母親早逝，『幼年運』算是不好的了，所幸『朋友運』倒是不錯。

『廉府坐命』的人和『七殺坐命』的人雖然有『廉殺羊』、『廉殺陀』的隱憂，若是時辰生得好，卻也有爆發『偏財運』的好機會，這

2.紫微在丑

廉貞(陷) 貪狼(陷) 巳	巨門(旺) 午	天相(得) 未	天同(旺) 天梁(陷) 申
太陰(陷) 辰			武曲(平) 七殺(旺) 酉
天府(得) 卯			太陽(陷) 戌
寅	紫微(廟) 破軍(旺) 丑	天機(廟) 子	亥

(圖四)

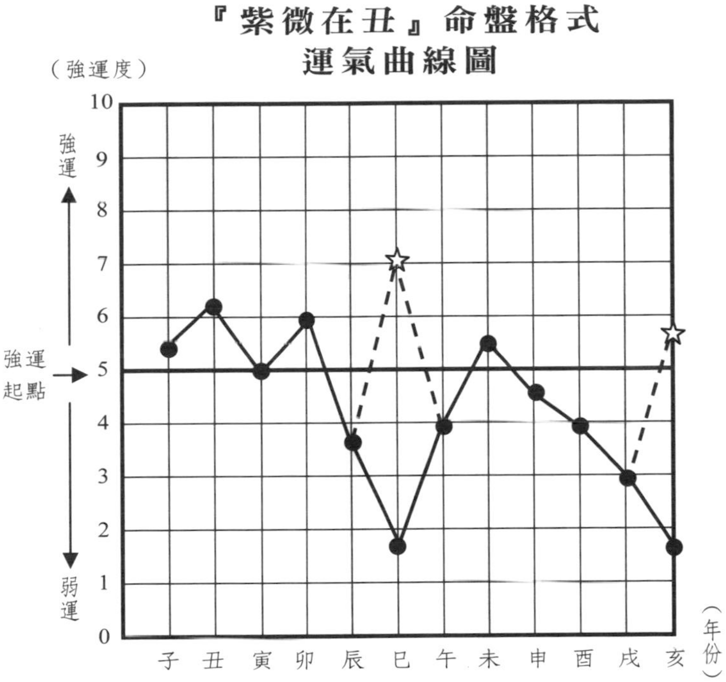

(1) ☆星點為『火貪』、『鈴貪』爆發『偏財運』的強運。

(圖五)

第二個強運高潮點

『紫微在丑』命盤格式中，第二高潮點在卯年（兔年），有『天府星』入坐。

在卯年這一年中生活上很富足，絕對沒有金錢上的煩惱，人緣也好，雖然依然很忙，但做事按步就班，中規中矩，很得到別人的愛戴。

為什麼在這組『卯酉宮』對照的星組裡，酉年卻不是高潮點呢？

主要是因為酉宮的『武曲財星』居平陷，『七殺星』雖居旺，真正的『因財被劫』，忙碌苦拼的結果幸而有對宮『天府庫星』的回照，才得以平順，也因此在運程上是辛苦的，『強運』的分數也就不高了。

第三個強運高潮點

『紫微在丑』的命盤格式裡，第三個高潮點在『子、午年』，也就是鼠年、馬年。

鼠年『天機星』入宮，是『思變』的一年。對宮『巨門星』相照，在外是非多，在家裡也不好過，口角多，因為本人走這個運『好辯』的關係。所幸『天機』、『巨門』皆居廟旺，靠口才耐心一點，可化解是非。或是在此運程裡利用口才賺錢，無往不利。忙碌一點之後，也可減少了家中的口角是非了。

最差弱運低潮點

在『紫微在丑』的命盤格式中，最低潮的時刻是巳、亥年（蛇年、豬年）。逢『廉貞』、『貪狼』俱陷落入巳宮。巳年是巳宮正值流年命宮。亥宮是『空宮』，會相照巳宮的流年命宮。

在巳、亥這兩年的運氣裡，都是對外關係不佳。不管是對家人，職業上、業務上需要交涉的人，或是朋友間的關係，都顯得滯礙不順。因此心情也份外煩悶。倘若你的命盤格式，也正好是這個『紫微在丑』的基本型態，那你一定對曾經過去的豬年映像深刻，運氣不順的程度讓你哀哀叫苦。在豬年時，我算過最多的命理格局的人，都是這個『紫微在丑』的命盤格式的人。

倘若又是『廉貪坐命』在巳宮，或是坐命亥宮為『空宮』的人，因『廉貪俱陷落』，一生顛沛流離，勞碌孤寒，沒有特大的『強運』。就算『火、鈴』同宮也發不了特別的大財。若有『祿存』同宮稍富。此格最好從事軍旅職。

『廉貪坐命』巳、亥宮者，若再有『陀羅星』入命，為『風流彩杖』格，很可能因酒色破財、喪生，是為桃花劫煞。女子若是逢此命，多為娼妓之命，運氣也就可想而知了！

次差弱運低潮點

在『紫微在丑』的命盤格式中，次差的弱運年份為『辰、戌年』（龍年、狗年）。

龍年逢『太陰陷落』，『太陰』是財星，居陷落時，進財較困難。對宮『太陽』相照也是陷落無光，生命較晦暗，為『日月反背』的格局。男人走『太陰居陷』的運時，與家中及外面的女人都處不好，沒有女人緣也沒有男人緣，財少不順。

女人在走『太陰陷落』的運時，幼年逢到此運，與母親無緣，不是難相處就是母親早逝。中年時逢此運，代表自己的身體不好。晚年時逢此運，代表與女兒無緣。

『太陰坐命』在辰宮的人，一生的財運沒有起色。但是辛苦努力在老年時還是能積蓄田宅的。

戌年逢『太陽陷落』入宮，『紫微在丑』命盤格式的人逢此運時，與男人相處差。若是男人逢此運，事業上無法突破，心情煩悶。在人前光彩暗淡，常有與別人相比，總是比不過的遺憾，默默的躲在人後，或做些吃力不討好的工作。也有人在『太陽陷落』的運裡，又逢煞星和流年貫索，就蹲在監獄中了。

女人在逢『太陽陷落』的運中時，在家中與父親、丈夫、兒子都處不好。時有爭執，但吵架也吵不過他們。在外上班與男性上司、同事也又處不好，也爭不過他們。

因此若是你在走『太陽』或『太陰陷落』的運時，就要先有自知之明，不要與這些男人和女人有正面的衝突發生，否則也是自己吃虧，讓自己的心靈受傷更深。

『太陽』在戌宮坐命的人，若是能規規矩矩的上班，不企求太多的話，一生也還是順遂的。至少他們有身為『福星』的配偶，和感情緣深的子女相伴。朋友間的關係也算不錯，也有祖產讓他花用。職業上以從事口才的職業為佳，雖然錢財上的是非不少，但總能靠他的口才擺平的。

『太陽』在戌坐命的人，最要注意自己的眼睛，和花柳病的問題。

強運的時辰

在『紫微在丑』命盤格式中，最佳的時辰為：丑時《凌晨一至三時》、卯時《早上五至七時》、未時《下午一至三時》、午時《中午十一至一時》。

丑時在夜間，若你是從事夜間工作的人最好了，利於打拼。

卯時的時段人緣佳，利於作進財的工作，一板一眼的非常踏實，一定會得到好成績。**未時**是福星高照，樂於為人服務、熱心公正的好時間。

午時《中午十一至一時》，是說服別人最好的時間，你也會發覺在這段時間內，你的口才特別的好。

弱運的時辰

在『紫微在丑』命盤格式中，弱運的時辰為辰時《早上七至九時》(太陰陷落運)、巳時《早上九至十一時》(廉貪運)、戌時《晚上七至九時》(太陽陷落運)、亥時《晚上九至十一時》(空宮運)。

在這些時間內不宜作人際關係、變動、決策的制定等等與運氣有關的事情。

賺錢工作大搜查

3 『紫微在寅』命盤格式的『強運』周期表

3.紫微在寅

巨門(旺) 巳	廉貞(平) 天相(廟) 午	天梁(旺) 未	七殺(廟) 申
貪狼(廟) 辰			天同(平) 酉
太陰(陷) 卯			武曲(廟) 戌
紫微(旺) 天府(廟) 寅	天機(陷) 丑	破軍(廟) 子	太陽(陷) 亥

(圖六)

『紫微在寅』命盤格式
運氣曲線圖

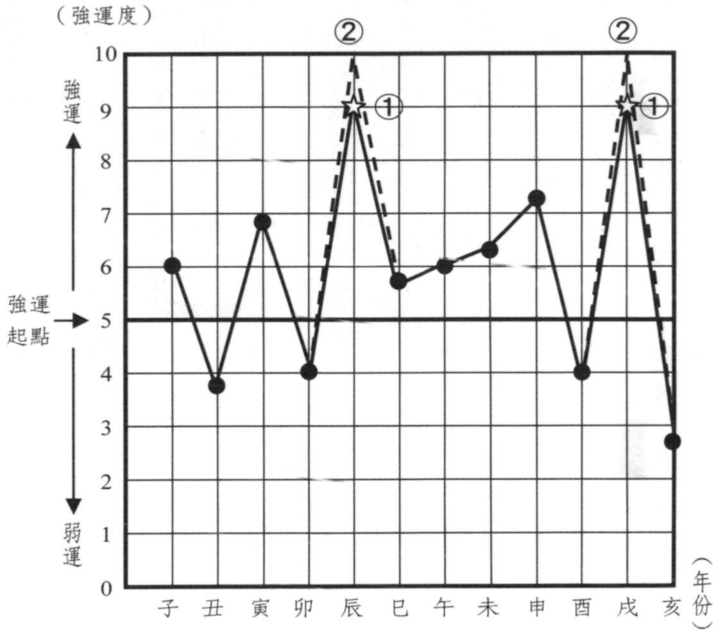

(1) ①是『武貪格』爆發『偏財運』的強運點。

(2) ②是『武貪』加『火鈴』所爆發最強『偏財運』的點。

(圖七)

當你的命盤組合是『紫微在寅』命盤格式的時候（如圖六），我們可以從氣運圖上（圖七）看到，你一生的運氣是這樣的：

第一個強運高潮點

你一生的運氣以『辰戌年』為最好，也就是在龍年、狗年的時候，是第一個『強運』高潮點。因為『武曲』、『貪狼星』形成『武貪格』。這是一個爆發『偏財運』的強勢格局。其實根本不用別人教你如何發財？在你所經過的人生過程裡，你已然發覺到，你已擁有了這個每隔六年一次的好運道了！

因此，擁有『紫微在寅』命盤格式的人，恭喜你了！你就是那全世界三分之一幸運人類中的一員了！（除了壬年、癸年出生的人以外，

不管你是坐命在那一宮都是）

形成『暴發運』的出生時辰

倘若你是下列時辰出生的人，形成『武貪』、『火貪』、『鈴貪』雙重的『暴發運』在同一年份上，所爆發的強運及偏財是難以想像的大了！

寅午戌年生的人，在卯時、酉時出生者，有『火星』。（卯時偏財運較強）
在丑時、未時出生者，有『鈴星』。（丑時偏財運較強）

申子辰年生的人，在寅時、申時出生者，有『火星』。（寅時偏財運較強）
在子時、午時出生者，有『鈴星』。（午時偏財運較強）

天天『強運』一番

巳酉丑年生的人，在丑時、未時出生者，有『火星』。(丑時偏財運較強)
在子時、午時出生者，有『鈴星』。(午時偏財運較強)
亥卯未年生的人，在丑時、未時出生者，有『火星』。(未時偏財運較強)
在子時、午時出生者，有『鈴星』。(午時偏財運較強)

當『武貪格』的格局又再加上『火貪格』、『鈴貪格』的時候，所爆發的『偏財運』多半是經由事業上爆發『強運』，繼而得到大財富的。

我們有許多例子可以證明這一點，例如我在上一本書《如何算出你的偏財運，書中第一〇三頁》提到張榮發先生的命盤中，就是這個『武貪加火鈴』的格局。

也因為爆發的『偏財運』是經由事業上的管道，故而所享受的好運較長久。經由辛苦的汗水結合，比較沒有暴起暴落的煩惱。

『陽梁昌祿』格局

在『紫微在寅』這個命盤格式中，若是乙年生的人，『祿存星』在卯宮，不管『文昌星』是落在亥、卯、未那一宮，『陽梁昌祿』格就在三合地帶，很完整的形成了。這是利於名聲遠揚，升官利學的大好格局。

『機月同梁』格局

在『機月同梁』這組星中，雖然說是『機月同梁為吏人』。但是我們可以看到四顆星的位置，除了『天梁居旺』以外，其餘三顆星都處於陷落的位置，因此若做公務員或上班族是很辛苦的，但是較有保障。

『殺、破、狼』格局

在『殺、破、狼』這組格局中，子年的『破軍星』，衝力十足，利於開拓，所以子年是開拓創新的一年。『破軍星』當值也代表破耗很多，可利用來投資，這一年在錢財上收獲少。

辰年『貪狼星』當值，是『武貪格』爆發的一年，在事業上、財富上能獲得極大的成就。

申年有『七殺星』入宮，對宮是『紫府相照』，這一年忙碌打拼，錢財獲得豐裕。

在『殺、破、狼』的格局所逢之年，人生都會有重大轉折。就『紫微在寅』這個格式中來講，因為每顆『殺、破、狼』的星都居廟旺，因此這些轉變都是好的，吉祥的，將可帶你至更高的境界。你可好好的把握。

第二個強運高潮點

『紫微在寅』的命盤格式中，第二個高潮點在『寅』宮的『紫微、天府』和『申』宮的『七殺』這組對照的星組。

寅年逢『紫微、天府』入宮，運氣也是第一流的，進財順利且容易。對宮『七殺』相照，忙碌中快樂而有尊嚴的生活著，別人都很敬重你，一切都吉祥太平。

申年逢『七殺』入宮，也是吉祥如意的一年，忙碌的狀況更顯著了。對宮是『紫府相照』。『七殺』是戰將星，必須奔馳沙場爭戰，紫府兩顆星保障了戰將星爭戰順利。故此年利於競爭，若是從事競爭較強的行業，可要好好把握這一年了！

比較平順的年份

『紫微在寅』的命盤格式中，屬於比較平順的年份有：子年（鼠年）、巳年（蛇年）、午年（馬年）、未年（羊年）。

子年有『破軍星』當值。人的精神容易亢奮好戰，是一個喜歡打拼奮鬥的年份。『破軍』處在廟旺的位置，打拼的成果是非常輝煌的。但是好戰必定有破耗，因此就有金錢耗損較多，身體較易受傷的問題存在了。所幸對宮一顆『天相』福星相照，讓你的破耗不至於血本無歸，最終讓你平安的過了這一年。

巳年『巨門星』居旺入宮。『巨門』暗曜，雖然給你帶來許多是非口舌和麻煩，『巨門星』居旺的話，也讓你有極佳的口才，可以利用口才去說服別人。我們常發覺在『巨門星』居旺的流年、流月中，人會變得好辯，就連吵架都會贏！（巨門居陷則反之）可把握這『巨門星』較對人有利的特性。

未年有『天梁居旺』入宮。『天梁星』是貴人星，居旺的時候，其人較溫和慈善，較能體貼他人，因此會得到更多的人緣。『天梁』也是有利於名聲遠揚、考試及升官的吉祥星曜。但是這顆星較清高，故對錢財是沒有什麼幫助的。

弱運低潮點

『紫微在寅』的命盤格式低潮點，在亥年（豬年）、丑年（牛年）、卯年（兔年）。這也是弱運的年份。

亥年逢『太陽陷落』，對宮有『巨門星』相照。這一年，『太陽』暗淡無光，人的精神萎靡不振，心情煩悶，有志難伸之感。還有是非口舌又多，造成很大的困擾。想立即解決，但愈纏愈不清。且是年眼睛有疾病。在這段時間內，與男人的關係都不好。男人在同性的團體中，無法開展友誼、施展抱負。若是女人則與男性家屬及友人、同事等不易相處。

凡是走『太陽陷落』的運時，人生常有晦暗的感覺，事業、錢財、人際關係都有不順的煩憂。宜多忍耐，過了這一年就好了。

丑年逢『天機落陷』入宮，『天機』是一顆極易變動，不穩定的星曜，當人生在逢『天機星』當值時都有變動。不管是事業上的、家庭上的、人生上的。逢『天機星』當值的時候，也常常搬家。

『天機星陷落』時所發生的變動都是不佳的。在這個時候，人的生活上、事業上也往往有許多問題浮現，急迫的需要你立刻解決。但是『天機陷落』，運氣不好的時候，勸你別急著決定任何事情。因為運氣不佳的時候，往往所做的決定也不是最好的，不但以後會後悔，而且一但作成決定，立即又會在另一個弱運的時候傷害到了自己，讓你得不償失。

所幸的是『天梁居旺』相照，因此你可離家到外面去尋找貴人，相信會帶給你很大的幫助。

卯年『太陰陷落』入宮，『太陰』是財星，陷落之後，進財較困難。對宮是『天同居平』，因此在卯年時，你的心境較懶。但因財少又必須忙碌去賺，忙了半天都是瞎忙，根本沒做成任何賺錢的事情。在這段時間內與女人的關係也差，要儘量減少與女人的磨擦。

強運的時辰

『紫微在寅』命盤格式中，『強運』的時辰為寅時《早上三時至五時》、辰時《早上七時至九時》、戌時《晚間七時至九時》。

寅時『紫府』入宮，為『強運』時辰，凡事皆吉，且可大進財。你若是個企業的負責人，可選擇此段的時間打高爾夫球以促進商機。你若是個平民小老百姓，也可動動腦子看看，例如晨跑、運動中，是否也能找到商機與好運。

辰時為『武貪格』的『強運』時辰，你更要在早上外出，尋找有任何好運會落在你的身上。這個時候，你的人緣也是非常出色的。

戌時也是『武貪格』的『強運』時辰，晚上多彩多姿的夜生活，能幫你進財，且帶來意外的好運財富。

次級強運的時辰

次級『強運』的時辰為子時《夜十一時至凌晨一時》、未時《下午一時至三時》、申時《下午三時至五時》。

子時為『破軍廟旺』，是個心境容易衝動打拼的時間，可惜已經入夜，如果你是個夜間工作者，那此時正是時候！

未時為『天梁居旺』，是個心境平和、關心別人、敢擔當的心境的時刻。人緣極佳，此時又是個貴人常顯現的時刻。在這個時間裡，你不但可交到好朋友，可尋找到好生意，也會給你帶來好名聲。

申時為『七殺居廟』，是個喜愛努力奮發去打拼的時刻。你可把平常看作困難的事情，放在此時去做。**對宮『紫府相照』的好運**，定可幫助你馬到成功！

弱運的時辰

在『紫微在寅』的命盤格式裡，弱運的時間為丑時《夜一至三時》、卯時《早上五至七時》、亥時《晚上九至十一時》。

丑時為『天機陷落』，所遇到的事情常發生變化，且是不好的變化。此時在夜間，最好不要利用此時做任何事或決策，否則只會產生反效果，得不償失罷了。

卯時為『太陰陷落』，對宮有『天同平陷相照』。此時最好不要急著做與財務或與女人有關連的事情，否則也是徒勞無功。

亥時為『太陽陷落』入宮，對宮有『巨門相照』。此時最好不要與人商談重要事務，尤其對方是男人的話，你總是屈居下風，事情很難談得成，縱使你勉強為之，接踵而來的是非，更讓你應接不暇。

其他的時辰

其他的兩個時辰，如巳時《早上九時至十一時》、午時《中午十一時至下午一時》的情況是這樣的：

巳時為『巨門居旺』，此時是非口舌較多，宜小心！尤其是與男子的是非尤烈。但是口才伶俐的話，這個時間是最容易說服別人的『強運』時刻。可好好把握！

午時有『廉貞、天相』入宮，此時可好好企劃你想做的下一件事情，或是收拾整理雜物，準備『強運』時刻的到來。這也算是個平順的時間。

4 『紫微在卯』命盤格式的『強運』周期表

4.紫微在卯

天相(得) 巳	天梁(廟) 午	廉貞(平) 七殺(廟) 未	申
巨門(陷) 辰			酉
紫微(旺) 貪狼(平) 卯			天同(平) 戌
天機(得) 太陰(旺) 寅	天府(廟) 丑	太陽(陷) 子	武曲(平) 破軍(平) 亥

(圖八)

『紫微在卯』命盤格式
運氣曲線圖

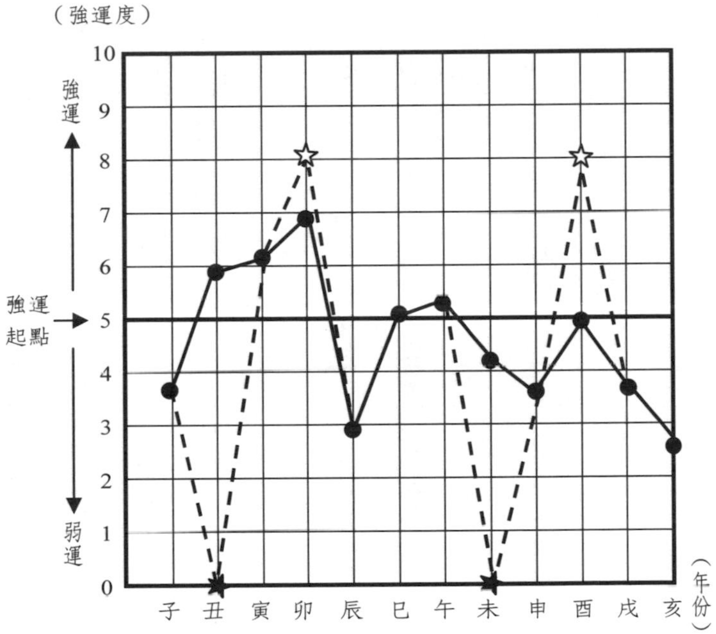

(1) 上部☆星點為『火貪格』的爆發點。

(2) 下部★星點為『廉殺羊』的凶點。

(圖九)

當你的命盤組合是『紫微在卯』命盤格式的時候（如圖八），我們可以從運氣圖上（圖九）看到，你一生的運氣是這樣的：

第一個強運高潮點

你一生的運氣以丑年（牛年）、卯年（兔年）、午年（馬年）為最好。而以丑年、寅年、卯年連續的三年強運，形成『紫微在卯』的第一個強運高潮點。

丑年有『天府星』廟旺入宮，對宮是『廉貞、七殺』相照，雖然四方宮位另有『天同』、『巨門』居陷來照會，但以對宮照會力量較強。所以這一年是積極努力，並且在工作上是非常有計劃的在進財。

『天府』是財庫星，丑年自然財庫豐滿。一切順利，萬事吉祥，人緣也佳。

寅年的運氣是較丑年略遜一點的。所幸『太陰』是財星居旺，三合之處另有『天梁』這顆貴人星在當守護神，幫忙照顧著。這一年在強運中雖有些變化，稍嫌弱一點，還算是非常平順生財的一年。

卯年是『紫微、貪狼』入宮，這裡『紫微星』是居旺，『貪狼星』是居平。對宮又無主星來照會增加吉度，若是有『火星、鈴星』形成『火貪格』、『鈴貪格』，又是另一番氣象了。

形成『暴發運』的出生時辰

倘若你是『紫微在卯』命盤格式的人，而又是下列時辰出生的話，你就是具有『火鈴格』、『鈴貪格』的『暴發運』。可以幫你把人生境界提升至更高的境界。

寅午戌年生的人，在寅時、申時出生者有『火星』。(申時偏財運較強)
在子時、午時出生者有『鈴星』。(午時偏財運較強)

申子辰年生的人，在丑時、未時出生者有『火星』。(未時偏財運較強)
在巳時、亥時出生者有『鈴星』。(亥時偏財運較強)

巳酉丑年生的人，在子時、午時出生者有『火星』。(午時偏財運較強)
在巳時、亥時出生者有『鈴星』。(亥時偏財運較強)

亥卯未年生的人，在子時、午時出生者有『火星』。(子時偏財運較強)
在巳時、亥時出生者有『鈴星』。(亥時偏財運較強)

有關『紫微在卯』命盤格式中的『火貪格』及『鈴貪格』的旺度，我在《『如何算出你的偏財運』一書中有述及，請參考》。

因為『貪狼』在卯居平，若『火星』在卯也是居平，若兩星同宮於卯宮，所爆發出來的強運就不是很強，級數較低。『火星』若居酉宮會比在卯宮稍強。

凡是具有『紫微在卯』命盤格式的人，而又有『火星』、『鈴星』坐在卯、酉宮的話，都是屬於有偏財運的人了。而在卯年(兔年)、酉年(雞年)爆發強運。在財運上有一筆意外的收獲。

『紫微在卯』命盤格式的人，所擁有的不管是『火貪格』或是『鈴貪格』，都因為『紫微』、『貪狼』同宮所含帶的桃花成份太強，再加上『火』、『鈴』、『貪狼』各星並不居旺的情況下，爆發『強運』的旺度是無法和『武貪格』相比的。

又因為『暴發運』發生後的下一年，走的是辰、戌年『天同』、『巨門』陷落的運程，暴起暴落的現象是非常明顯的。

第二個強運高潮點

『陽梁昌祿』格

在『紫微在卯』命盤格式中，第二個『強運』高潮點在午年（馬年），有『天梁居旺』入宮，這是在這個命盤格式中，所屬的『陽梁昌祿』格中的一顆主要的旺星。若是甲、乙、丙、丁、戊、庚、辛、壬、癸年生的人，有『祿存』、『化祿星』在子、午、卯、酉、寅、戌宮。而又再是子時、丑時、辰時、未時、申時、戌時生的人。你的『陽梁昌祿』格真是非常完美，一級棒了！你可好好掌握在這『陽梁昌祿』格的年份時間，如子年、午年、卯年、酉年、寅年、戌年，大展拳腳。在升學、升職的考試及升官進爵方面，會有極高成就的。

值得一提的是李登輝先生就是這個命盤格式的人。在丙子年，他利用這個『陽梁昌祿』格，高票當選第一屆台灣民選總統，就是最好的實例。

『殺、破、狼』格局

在『紫微在卯』命盤格式裡，『殺、破、狼』格局的這組星曜中，只有『七殺』這顆星是居廟旺的，『貪狼』、『破軍』都居平，可說是接近陷位了，不能為福。而和『七殺』同宮的『廉貞』也是居平不旺，『廉殺』雙星在未宮，可說是將軍非常勇猛，卻沒有什麼智謀。當然幫人造福是不可能的了。

『紫微』和『貪狼』同宮，『貪狼』較能受『紫微』的控制，在『殺、破、狼』格局中，給人帶來吉祥的轉變。

『武曲』、『破軍』居亥宮，是平陷的位置。『武曲』是財星，財星逢破，也算是『因財被劫』不為福，破耗更多。因此在亥年是存不住財的，而且還做得很辛苦。

總而言之，在『殺、破、狼』格局的這三組星中，只有『紫貪』在卯年還能帶給你好運之外，其他的兩組星，只能讓你辛苦破財了！

『機月同梁』格局

在『紫微在卯』的命盤格式中，『機月同梁』這組星非常完整的在三合之處相互照映著。其中『天梁』、『太陰居旺』，『天機居得地之位』，也還算在旺處，只有『天同』這顆福星居平，帶來辛苦勞碌，馬不停蹄的日子。不過也因為『天梁』、『太陰』居旺位，在官場上會有很好的發展。在這些星曜居旺的日子裡，都會有升官的機會應驗的。

弱運低潮點

『紫微在卯』命盤格式的弱運低潮點在辰、戌年（龍年、狗年）。

辰年是『巨門陷落』與戌年的『天同居平陷』相對照。『巨門陷落』時，是非災禍頻仍。『天同福星』居弱時，不能造福，只增辛勞而沒有結果。

龍年、狗年就是這樣一個常因言語惹禍的年份，惹得自己人仰馬翻，疲於奔命。因此你要特別小心說話用辭的後果。

『**巨門**』**是暗曜，**因此也會產生一些暗地裡的是非，例如被流言所傷等等的問題，等到你發現時，辛苦勞碌的去撲滅謠言，似乎常有來不及的困難了。

未年有『廉貞、七殺』入宮。倘若『擎羊』、『陀羅』在四方之位、三合之處或對宮的位置出現。就有『廉殺羊』、『廉殺陀』的性命之憂，更是不可不防。

亥年有『武曲』、『破軍』居平陷的位置，這是『因財被劫』的關係，不進財又破耗多，在這個時間內禍事很多，暴躁的脾氣更會使破耗增加，令你在此時展露出慳吝的本性了。但是沒有辦法，依然要破了財人才會安樂。

子年『太陽陷落』入宮，這一年心情鬱悶，無法展露自己的光彩，又與周圍的男人處不好。想要大展拳腳、又無從使力。人生真是晦暗。再加上眼睛也不好，日子真是難過。所幸對宮有『天梁』這顆貴人星。不過它一定要在你的運程達到谷底時，才會幫助你，因此你要耐心的等待。

強運的時辰

『**紫微在卯**』**命盤格式中的**『**強運**』**時間，卯時《上午五時至七時》，有**『**紫貪**』**入宮，**倘若再有『火星』、『鈴星』進入或對照，有『偏財運』會在此時爆發，是你具有極端好運的時間。

倘若沒有『**火、鈴**』**同宮或相照，**你也可利用此時做一些與人際關係有關連的工作。『紫微』、『貪狼』都屬桃花星，人緣桃花極旺。因此這個時間凡事順利、吉祥如意。

酉時《下午五時至七時》，也是『紫微』、『貪狼』相照的時間，也利於人際關係的應用。

午時《上午十一時至下午一時》，有『**天梁**』**入宮當值。**這是一個有貴人相助的時間，也利於名聲遠揚的時刻。這個時間也利於和長輩、上司建立關係。倘若你想升官、趕快利用此時去拍拍馬屁，可能有意想不到的升官發財的機會呢！

丑時《凌晨一時至三時》，有『天府星』入宮當值。這是一個倉豐富足的時間，你若是做夜晚歐美地區期貨生意的生意人，此時正是你大進財富的好時機。

弱運的時辰

『紫微在卯』命盤格式中，子時《夜十一時至凌晨一時》，此時是『太陽陷落』的時辰。不利於你與人交往或談生意的事，你的心情也較苦悶，此時最好獨處或睡覺，養足精神，才能製造『強運』。

辰時《上午七時至九時》，有『巨門陷落』入宮。此時會發生是非災禍的問題太頻繁了。倘若你在此時要出門上班，最好提前出門，在七時以前就到達目的地。否則路上若發生車禍的是非災禍會誤了你的大事。

未時《下午一時至三時》，此時有『廉殺』入宮。本來『七殺居旺』是利於打拼競爭事業和生意的。但是若有羊刃在四方三合的地帶出現，就會有『廉殺羊』的血光造成傷亡的慘事，所以這又不算是個好時辰了，寧可在屋內休息，等候下一個時辰再出去做事。

亥時《晚上九時至十一時》，有『武破居平陷』入宮。在這個時間內，你的個性會轉趨剛直衝動。沒有人緣又破財不斷。因此要停止一切活動，不要繼續造成破耗才好。

5 『紫微在辰』命盤格式的『強運』周期表

5.紫微在辰

天梁(陷) 巳	七殺(旺) 午	未	廉貞(廟) 申
紫微(得) 天相(得) 辰			酉
天機(旺) 巨門(廟) 卯			破軍(旺) 戌
貪狼(平) 寅	太陽(陷) 太陰(廟) 丑	武曲(旺) 天府(廟) 子	天同(廟) 亥

(圖十)

『紫微在辰』命盤格式
運氣曲線圖

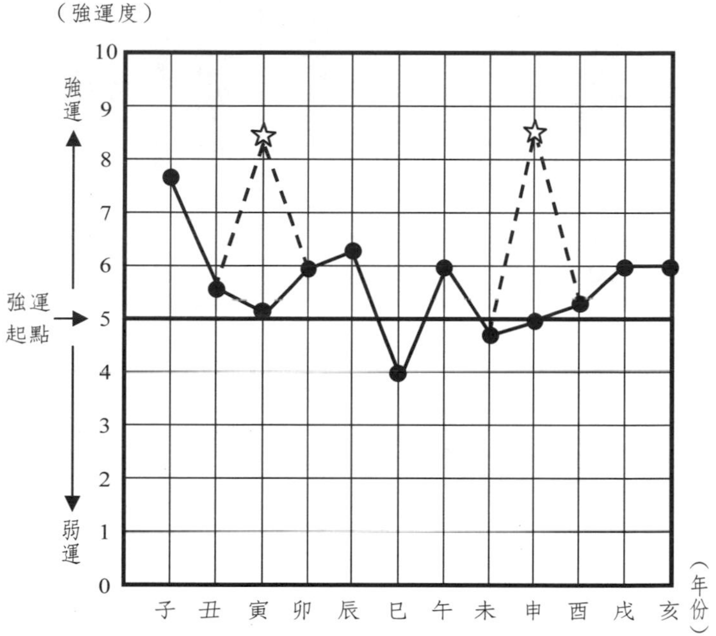

(1) ☆星點為『火貪格』、『鈴貪格』爆發『偏財運』的點。

(圖十一)

當你的命盤組合是『紫微在辰』命盤格式的時候（如圖十），我們可以從運氣圖上（圖十一）看到，你一生的運氣是這樣的：

第一個強運高潮點

你一生的運氣的第一個『強運』高潮點，要以你出生的時間來決定。倘若時間生得好，恰有『火星』、『鈴星』進入寅宮、申宮，那你人生中的第一個『強運』高潮點就會在虎年、猴年所形成的『火貪格』、『鈴貪格』所爆發的『偏財強運』。

形成『暴發運』的出生時辰

寅午戌年生的人：生在丑時、未時，有『火星』。(丑時偏財運較強)

生在巳時、亥時，有『鈴星』。(亥時偏財運較強)

申子辰年生的人：生在子時、午時，有『火星』。(子時偏財運較強)

生在辰時、戌時，有『鈴星』。(辰時偏財運較強)

巳酉丑年生的人：生在巳時、亥時，有『火星』。(亥時偏財運較強)

生在辰時、戌時，有『鈴星』。(辰時偏財運較強)

亥卯未年生的人：生在巳時、亥時，有『火星』。(巳時偏財運較強)

生在辰時、戌時，有『鈴星』。(辰時偏財運較強)

當『火貪格』、『鈴貪格』在寅、申年（虎、猴年）形成『暴發運』時，在人生際遇上會有各種型式的爆發狀況，例如事業、名聲、金錢、愛情，等等。

『廉貞』、『貪狼』加『火、鈴』這個暴發偏財運的格局，在整個『偏財運的格局』中，不算是旺度級數最高的，它屬於『偏財運』格局中的中下等了。再有，『廉貞』、『貪狼』二者皆桃花星、桃花極重，也是影響了這個『偏財運』格局不會專注的爆發在金錢上或事業上的主因。這也是『桃花破財』的明顯例證了。

倘若你的『火星』、『鈴星』角度，並不理想，並沒有出現在寅申宮的話，那你『強運』的第一個高潮點，應該是『辰年』，走『紫微、天相』的運程。這個運程，是由前兩年（寅年、卯年）的『強運』漸漸累積，至辰年而達到一個較高、較旺、較平順安享的『強運』高點。

在辰年，因對宮有『破軍』，你是非常積極忙碌的衝刺於工作上的事物，在三合處又有『武曲』、『天府』、『廉貞』三星廟旺的光芒照耀，這一年事業、財運，都在有計劃的擴展下，『強運』就熱哄哄的衝上高點了！錢財也熱鬧滾滾的源源而進了。

辰年，你是快樂的，意氣風發的大贏家。但是接下來的一年就是巳年，『天梁陷落』的流年裡，又讓你心灰意懶了！不過，放慢腳步，稍作休息也是不錯的，你千萬不要耿耿於懷，因為到馬年又會讓你累得拼得喘不過氣來了！

第二個強運高潮點

『紫微在辰』的命盤格局中，第二個『強運』高潮點在子年（鼠年）。有『武曲、天府』入宮當值，這是一個富裕多財的『強運』流年。你很拼命計較的在賺錢。但是對宮『七殺』在照會，也會『因財被劫』的關係，會做出一些為富不仁的事。

在這個命盤格局中，又是在子年時，為富不仁的狀況以『破軍坐

命』、『武府坐命』、『貪狼坐命』、『天梁陷落坐命』、『七殺坐命』、『廉貞坐命』的人較嚴重。而且在子年的流年裡和父親的關係不太好，這是要小心改善的。

第三個強運高潮點

在『紫微在辰』的命盤格式中，第三個『強運』高潮點是卯年的『天機、巨門居旺』的時候，這是『機月同梁』格中的一顆星。『機巨』雙星同宮居旺，又利於讀書研究，這一年，你若在學術上打拚，是會得到極高的聲望的。『機巨』雙星，並不主財，因此你只能因聲望的提高而得到某些錢財，例如教學、寫作之類的錢財，無法像生意人一樣，財富大進大出。算是一種平順祥和的進財方式了。

『陽梁昌祿』格局

在這個『紫微在辰』的命盤格式中，我們可以看到『陽梁昌祿』格，其中的兩顆主星，『太陽』、『天梁』在三合地帶相互照會著。因為這兩顆星都居陷落的位置，因此在主貴方面，幫助的力量不是很強，但還是有用的，可能在財的獲得上較好。

『機月同梁』格局

在這個『紫微在辰』的命盤格式中，『天機』、『太陰』、『天同』、『天梁』四顆星中，有三個星居廟旺，只有『天梁陷落』，因此可以確定的是，所謂具有『紫微在辰』命盤格式的人，你是非常適合做公務員或大公司上班的上班族的。尤其是專門技術、學術的機構上班，你會工作、生活得都很愉快的。

『殺、破、狼』格局

在『紫微在辰』的命盤格式中，『殺、破、狼』格局的這組星曜中，『七殺、破軍』皆居旺位，只有『貪狼』這顆星居平。由此我們可以知道，具有『紫微在辰』命盤格式的人，在『殺、破、狼』格式的鼓動之下，必具備了衝動、積極、苦拚的動力。『貪狼』這顆星居平陷，更促動了『動』的因子，增加了流年上的不穩定。但是對宮『廉貞』，冷靜多計謀的企劃能力，控制了『貪狼』的動感。也使『貪狼』這顆星尋找到好的方向去發揮。

因此『紫微在辰』的命盤格式的人，縱觀其人生遇『殺、破、狼』格局，而產生變化時，差不多都是好的變化，或是更上層樓的變化。在所有強運組合裡算是不錯的了。

弱運低潮點

『紫微在辰』命盤格式裡的低潮點在巳年、丑年。

巳年時，『天梁陷落』入宮，沒有貴人，聲名也呈暗淡的色彩。本身形體十分忙碌、操勞，但都徒勞無功。對宮『天同居廟相照』，讓你的內心更加懶散。這是一個在心靈上重整思慮，調整人生方向的時刻。以往你只埋頭苦幹，從沒有想過人生到底在忙些什麼事的問題，此刻你都會重新拿出來琢磨？這個巳年雖然算是強運的低潮點，倒不如說是反省年好一點。

丑年時，有『太陽陷落、太陰廟旺』入宮，『日月同宮』，常常會造成像『日月』一樣，馬不停蹄的忙碌狀況。但是因『太陽陷落』的關係，所堅持努力的事，在表面上都看不出特別的效果，不過呢？錢財卻不聲不響的暗自進了你的口袋裡了，這可能是唯一的收獲了。（太陰是陰財，有暗自增多，財庫裡錢財增多的現象。）

強運的時辰

『紫微在辰』命盤格式的人，因居旺的星曜很多，故『強運』的時辰也很多。

其中：子時《夜十一時至翌日凌晨一時》，『武府』當值，利於生財，因對宮『七殺相照』的關係，亦要小心劫財！

丑時《凌晨一時至三時》，未時《中午一時至下午三時》，『日月同宮』，這兩個時辰，只利於和女人談事情，不利於和男人談事，尤其是談判的對方是男人的話，你一定會敗北的。

寅時《早上三時至五時》、申時《下午三時至五時》，有『廉貪』相互照會。人緣桃花很強，由其是申時更好洽商、約會都非常順利。

卯時《早上五時至七時》、酉時《下午五時至七時》，有『機巨』同宮，在卯、酉宮兩個時間裡，你可以利用發揮自己的口才，推銷商品或是要說服某人，都可輕易辦得到，若有『化權星』進入此宮，你更是如虎添翼一般的可展露你口才的才華了。

辰時《早上七時至九時》、戌時《晚上七時至九時》，有『紫相』同宮和『破軍』互相照會。在這兩個時間裡，對於你所有要努力開拓打拚的事務，都是吉祥的。所以你可以這兩個時間去拜訪客戶，或做一些有突破性的工作，相信會有好成績。

弱運的時辰

巳時《早上九時至十一時》、亥時《晚上九時至十一時》，有『天梁陷落』和『天同廟旺』，相照會。在這兩個時間內，應該是你該休息一下的時間了，因為巳時是個沒人緣，沒有貴人、徒勞無功的忙碌時間。亥時是個懶散不想動的時間，不休息又還能做些什麼呢？

但是亥時屬於『天同廟旺』的時間內，卻是可以利用來向別人道歉、說好話的軟性時間。在這個時間內，你都不會受到嚴厲的斥責，而且可平安緩和自己的過錯。若有『天同化祿』在亥宮的人，在亥時更可得到對方的同情幫助。有『天同化權』在亥宮的人，在亥時更可以平順自然的掌握對方來附合自己的強勢力量，這個『天同化權』的時間也是利於談判的時間。它就不是弱運時辰了。

午時《中午十一時至下午一時》，有『七殺星』居旺、對宮有

『武府相照』。『七殺』是戰將要出馬去領戰功了，外面有極多的財富在等你去賺！但是也要小心『因財被劫』的困擾、血光與破財等的事情。

6 『紫微在巳』命盤格式的『強運』周期表

6.紫微在巳

紫微(旺) 七殺(平) 巳	午	未	申
天機(平) 天梁(廟) 辰			廉貞(平) 破軍(陷) 酉
天相(陷) 卯			戌
太陽(旺) 巨門(廟) 寅	武曲(廟) 貪狼(廟) 丑	天同(旺) 太陰(廟) 子	天府(得) 亥

(圖十二)

『紫微在巳』命盤格式
運氣曲線圖

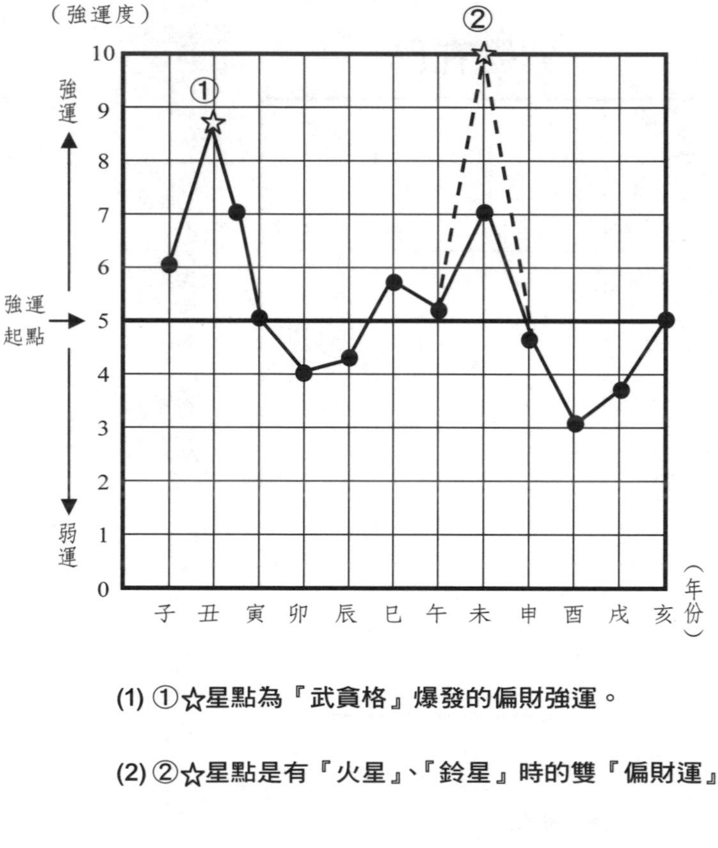

(1) ①☆星點為『武貪格』爆發的偏財強運。

(2) ②☆星點是有『火星』、『鈴星』時的雙『偏財運』點。

(圖十三)

當你的命盤組合是『紫微在巳』命盤格式的時候（如圖十二），

我們可以從運氣圖上（圖十三）看到，你一生的運氣是這樣的：

第一個強運高潮點

你一生的運氣中的第一個『強運』高潮點當然是，丑、未年坐『武貪格』的爆發『強運』的年份囉！倘若說在丑未宮又有『火星』、『鈴星』進入的話，你一生的『強運』真是直衝九天雲霄呢！

現在讓我們看看具有這些『好運』的人是什麼時辰生的？

形成『暴發運』的出生時辰

寅午戌年生的人：生在子時、午時，有『火星』。（子時偏財運較強）

生在辰時、戌時，有『鈴星』。(戌時偏財運較強)

申子辰年生的人：生在巳時、亥時，有『火星』。(亥時偏財運較強)

生在卯時、酉時，有『鈴星』。(卯時偏財運較強)

巳酉丑年生的人：生在辰時、戌時，有『火星』。(戌時偏財運較強)

生在卯時、酉時，有『鈴星』。(卯時偏財運較強)

亥卯未年生的人：生在辰時、戌時，有『火星』。(辰時偏財運較強)

生在卯時、酉時，有『鈴星』。(卯時偏財運較強)

當『火星』、『鈴星』進入丑、未宮和原先的『武貪格』形成雙重爆發的暴發運時，其威力真是其勢難當的。倘若這雙重的暴發運又出現在人的命宮，或財帛宮時，此人一生有多次爆發強運的機會，每隔七年一次，其爆發在事業上的成就與財富上的獲得，真是讓人羨慕不已。

但是我們也可從整個的命盤格局看出來，這個好運不過維持兩年，在酉年時走到『廉破』的運程時，就造成大破大落的衰運期了，因此不得不作事先的防範才行。

倘若你是『武貪坐命』的人，又屬於這個『紫微在巳』的命盤格局的話，因為你的本命就坐在『殺、破、狼』格局之上，你一生的運氣也會有雙重的『大起大落』的動感因子，你的命裡運程真的和常人不一樣了！因此，你好的時候，趕快往前衝，不必太得意！運氣差時，也不必太介懷，反正過幾年又會大翻身了！

第二個強運高潮點

『紫微在巳』的命盤格式裡，第二個強運高潮點在巳、亥年。有『紫微』、『七殺』和『天府』相照會，巳年、亥年是很努力打拚，賺錢又很多的年份，你自己很忙碌但也吉祥如意。

唯一的一點小問題是『七殺居平』，帶來一點小劫財，可是你是因錢賺得多，而沒有感覺到。

第三個強運高潮點

『紫微在巳』的命盤格式裡，第三個強運高潮點在寅、申年。有『太陽』、『巨門居廟旺』入宮或相照。這是『陽梁昌祿』格中的一員大將，因此在寅年、申年時，對於名聲遠揚和職務的進陞，都有非常大的幫助。

在走『太陽』、『巨門運』的時候，口才好，有說服力，做教職、公關、演藝事業都可發揮很大的才能。

『陽梁昌祿』格

在『紫微在巳』的命盤格式，屬於『陽梁昌祿』格局的『太陽』、『天梁』兩顆星都在廟旺之位，因此在整個的命盤組合裡，是極貴的；事業成就的格局非常大，蔣夫人宋美齡的命盤即是此造，『武貪坐命』的人。

『機月同梁』格

在『紫微在巳』的命盤格式中，屬於『機月同梁』格的『天同』、『太陰』、『天梁』皆在廟旺之位，『天機居平』。有三顆星在廟旺之位，因此也可看出這個『機月同梁』格式也是極旺的了。因此具有這個『紫微在巳』命局的人，也必從公職，在公職上有大的發展。

『殺、破、狼』格

在『紫微在巳』的命盤格式中，屬於『殺、破、狼』格局的這組星曜中，只有『貪狼』這顆星是廟旺的，『七殺』和『破軍』都居平陷。也因此可看出此人有一半的人生在『強運』，有一半的人生在『弱運』中了。人生起起伏伏的次數多，每次都像坐雲霄飛車一樣，我想這個『紫微在巳』命局的人，到老年時應可看破名利而瞭解到這個命數了吧！

弱運低潮點

在『紫微在巳』命盤格式裡的低潮點，首推酉年，其次卯年。酉年時『廉貞』、『破軍』居平陷入宮，對宮是『天相陷落』相照。

這酉年、卯年在整個命局中真是極端衰運的了。不管有沒有『擎羊』介入這兩宮，也都是會有血光、是非、官禍極為嚴重的問題出現，讓你無法招架，心情和事業都達到谷底的程度。千萬要穩住！在下一個年頭，戌年和辰年時就有聰敏的貴人出現來搭救你了！

辰時、戌年時有『天機』、『天梁』入宮或照會。『天梁』是貴人星、是長輩的助力，救你於水深水熱之中，但是這個助力是緩慢的、平淡的，你不可期望太多，一直要到巳、亥年才是你真正強運的起點。

強運的時辰

『紫微在巳』命盤格式中，子時《夜十一時至凌晨一時》、午時《中午十一時至下午一時》，有『天同、太陰』同宮，此時是個安享的時間，因為享受睡眠，享受午餐最適合你了，你惹想拉攏人際關係，用午間用餐的時刻和對方一同用餐，效果也很不錯。

丑時《凌晨一時至三時》、未時《下午一時至三時》。『武貪』入宮的時間。這是一個具有爆發好運的時間，你可得好好的應用。不管是用在事業和財運上，都有意想不到的好運。

寅時《早上三時至五時》、申時《下午三時至五時》。有『太陽、巨門』入宮。這是一個口才、辯才極佳的時間，無論你是在教學、遊說或是吵架爭論，此時的口才都是萬夫莫敵的，你可很輕易的佔有優勢。

弱運的時辰

『紫微在巳』命盤格式中，卯時《早上五時至七時》、酉時《晚上五時至七時》。有『廉破同宮』，『天相陷落』相照。這是一天中最糟的時間了。有個空間躲起來，待在屋裡別到街上去，以免破財及車禍或災禍發生在你的身上。

普通的時辰

『紫微在巳』命盤格式中，辰時《早上七時至九時》、戌時《晚上七時至九時》。此時有『天機』、『天梁』入宮或相照。在這兩個時間內；你的頭腦清澈而聰敏，善於分析事理又喜歡聊天，而且在這個時間內有貴人可協助幫忙。

巳時《早上九時至十一時》、亥時《晚上九時至十一時》。此時有『紫殺』同宮、和『天府』相互照會。這兩個時間是很利用衝刺、打拚，又可以賺很多的錢財的時間，你要好好把握！

7 『紫微在午』命盤格式的『強運』周期表

7.紫微在午

天機(平) 巳	紫微(廟) 午	未	破軍(得) 申
七殺(廟) 辰			酉
太陽(廟) 天梁(廟) 卯			廉貞(平) 天府(廟) 戌
武曲(得) 天相(廟) 寅	天同(陷) 巨門(陷) 丑	貪狼(旺) 子	太陰(廟) 亥

(圖十四)

『紫微在午』命盤格式
運氣曲線圖

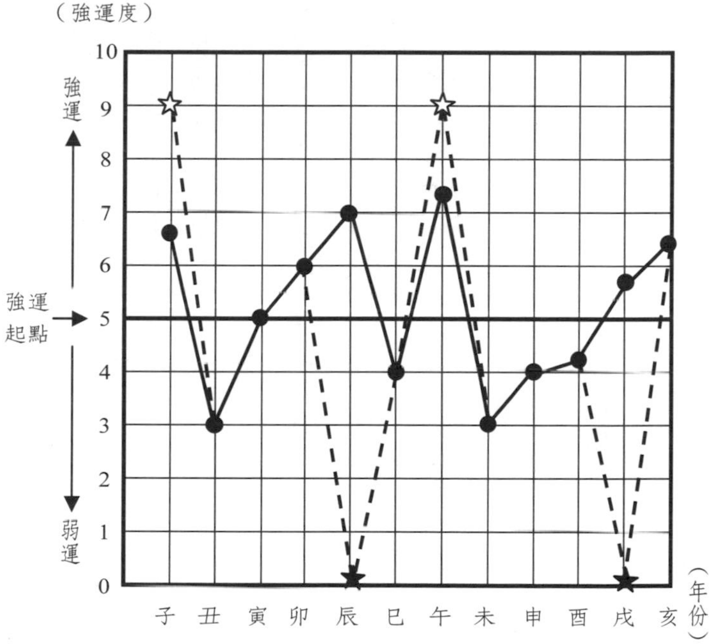

(1)☆星點為『火貪格』、『鈴貪格』所造成的暴發運。

(2)★黑星是『廉殺羊』、『廉殺陀』所形成的惡運時間。

(圖十五)

當你的命盤組合是『紫微在午』命盤格式的時候（如圖十四），我們可以從運氣圖上（圖十五）看到，你一生的運氣是這樣的：

第一個強運高潮點

你運勢中的第一旺盛的高潮點是子、午年。子、午年有『紫微』和『貪狼』相互對照，倘若又有『火星』、『鈴星』來同宮或相互對照的話，爆發『偏財強運』時的威力，可真不小。下列就是有『偏財運』的人的出生時辰。

形成『暴發運』的出生時辰

寅午戌年生的人：生在巳時、亥時，有『火星』。（巳時偏財運較強）

申子辰年生的人：生在卯時、酉時，有『鈴星』。(卯時偏財運較強)
生在辰時、戌時，有『火星』。(辰時偏財運較強)
生在寅時、申時，有『鈴星』。(申時偏財運較強)

巳酉丑年生的人：生在卯時、酉時，有『火星』。(卯時偏財運較強)
生在寅時、申時，有『鈴星』。(申時偏財運較強)

亥卯未年生的人：生在卯時、酉時，有『火星』。(酉時偏財運較強)
生在寅時、申時，有『鈴星』。(申時偏財運較強)

當『火星』、『鈴星』進入子、午宮，和『紫微』或是『貪狼』同宮、相對照的時候，會產生爆發『偏財運』的機會。其實這也是兩組『暴發星曜』合起來的，一組是『火、鈴貪』組，一組是『紫微』、『火星』組。因此不論是在子年或午年，皆能爆發威力極強的『偏財運』，獲得的財富也是極高的。

第二個強運高潮點

在『紫微在午』命盤格式的第二個高潮點是卯、酉年的時候。卯年坐『太陽』、『天梁』皆居廟旺的雙星。酉年是『空宮』，有『陽梁』回照，光度較弱，運勢也較弱。這是『陽梁昌祿』格中的主要雙星，因此也主宰著『紫微在午』命局的人，在卯、酉年考試傳臚第一名，升官進爵，無限榮光的美事。

普通的運程

在『紫微在午』的命盤格式裡，寅申年、辰戌年、巳亥年較普通，運氣雖略有差異，並無大壞大好之特別的趨向。

在『紫微在午』的命局裡，寅、申年是『武曲、天相』同宮和『破軍』相互照會。寅年時，是一幅祥和、平順的氣象，但因為對宮『破軍星』的影響，造成了花費較多的情況。『破軍星』的『衝動』感，並不能鼓動『天相星』的穩重，故只是花錢消災罷了。

申年時，『破軍星』當值，『衝動的性格』得以發揮，對宮的『天相』，雖居廟旺，也不得阻止它只有導正它的方向去賺錢了！

『破軍』當值的流年裡，破耗較多，因此花錢的事情也較多。也容易有血光、災禍的事情發生，這都屬於破耗的範圍之內的事。

在『紫微在午』的命局裡，辰戌年是『七殺廟旺』和『廉府』相會照的局面。在這個命局裡，『天府』雖然治得了『廉貞』之惡，導它進入『計劃生財』的路途上，但是，若有『擎羊』、『陀羅』進入辰、戌宮，這『廉殺羊』、『廉殺陀』的惡魔將會取走人的性命，這是乙、丙年生的人和辛、壬年生的人的惡夢了。

在『紫微在午』的命局裡，巳、亥年是『天機星』與『太陰星』相對照的年份。亥年因為『太陰星』居廟旺的關係，『太陰』是財星，是陰財，因此亥年你是過得很舒適、豐裕的、財運也很豐裕。但是『太陰』是顆多情善感的星，故而這一年你的感情收獲也很豐富。

巳年是『天機』居平入宮，雖然對宮的『太陰』財星回照也很薄弱。這一年的運氣談不上好而時有變化，一件事比一件事糟。讓你煩悶不已，所幸下一個流年、流月逢『紫微星』當值，說不定還有爆發運在等著你，因此這一點小磨難，其實也不算什麼了！

弱運低潮點

在『紫微在午』命盤格式的弱運點（低潮點）在丑、未年。在丑、未年時、『天同、巨門』雙星俱陷落入宮。這真是一個太糟的年頭了！心情很懶，卻又東跑西跑的瞎忙。是非、麻煩又多、讓你疲於奔命！這個流年、流月和上一個流年、流月真是天壤之別，子午年『偏財運』爆發，運氣旺得如日中天。丑、未年卻跌到谷底，這真是名符其實的『暴起暴落』了。丑、未年既然這麼差的運氣，你只有放慢腳步，下一個『泰山崩於前而不亂』的決心，與這些不順、是非、麻煩去抗衡。最重要的一點是，小心守住你的財，不要隨便聽信別人的話，而將前一年好運所帶來的錢財敗光。你要知道運氣不好的時候，是不宜投資的，多半是血本無歸！

『陽梁昌祿』格局

在『紫微在午』的命盤格式裡，屬於『陽梁昌祿』格的這組星曜中，『太陽』與『天梁星』都是居廟旺的。因此可見你的讀書運及官運都是極佳的，你要好好把握！也因為這兩顆星都主貴，因此你若能掌握這『強運』的子年、午年、卯年、酉年，便掌握了一生中『強運』的格局了！你一生的成就是非凡的！

『機月同梁』格局

在『紫微在午』的命盤格式裡，屬於『機月同梁』格的這組星曜中，我們可以從基本命盤格式上看到，屬於廟旺的有『天梁』、『太陽』。屬於平陷的有『天機』、『天同』。因此我們由這組『機月同梁』格可以斷定的是，若你去做公員或上班族的話，你會因工作的關係得到豐厚的薪水和較高的名聲，但是工作上有許多的困難處，須你忙碌辛苦的去操勞才行！

『殺、破、狼』格局

在『紫微在午』的命盤格式中的『殺、破、狼』格局，其中『七殺、貪狼』皆居廟旺。『破軍星』是得地，也算居於旺位的了！因此在『紫微在午』命局的人的人生每一個變動裡，都是會佔有極『強運』的運勢。只有在申年的時候，花費、破耗較多一點罷了。因此『紫微在午』的命盤格式的人是屬於好運旺命的人是一點不錯的了！

但是也要小心大運、流年、流月，因『廉殺羊』、『廉殺陀』的三重湊殺而造成性命之憂的困擾，在這些流年、流月中要注意血光的災禍發生。小心有財沒命花的煩惱。

強運的時辰

『紫微在午』命盤格式中，子時《晚上十一時至凌晨一時》、午時《上午十一時至下午一時》。這兩個時辰是具有爆發『偏財運』的時辰，也會爆發別的好運。人緣也特別的好，是你可以好好利用的時間。

卯時《早上五時至七時》，酉時《下午五時至七時》。有『天梁』、『太陽』入宮當值。是你非常吉祥的一個時間，與男性的關係和諧，若與你談事的對象是男性，這件事情一定會成功的。這也是有貴人的時間，若你要找人幫忙，在這個時間內去求人協助也會成功。這個時間也利於講學、揚名等事。

寅時《早上三時至五時》，有『武曲、天相』入宮，是個凡事太平、祥和的年份、月份。做事按步就班、態度溫和事情就可成了。

辰時《早上七時至九時》，有『七殺』入宮，這個一個利於打拼的時間。『將軍不出戰沒有戰功』。因此你急於到外面去打天下。早晨的忙碌，讓你確實的掌握了這一天的強運。

亥時《晚上九時至十一時》，有『太陰』入宮。『太陰』的財是陰財，表示晚上九時至十一時，是你人緣極佳之時，尤其是女人緣更佳，正暗地裡幫你的財庫增多財富呢！

弱運的時辰

在『紫微在午』的命盤格式中，屬於弱運的時間是丑時《凌晨一時至三時》、未時《下午一時至三時》。這兩個時間裡，你最好別利用。因為『天同、巨門陷落』，會讓你說錯話、做錯事，而引起是非、災禍。再因為這些是非、災禍而忙碌無比。

申時《下午三時至五時》，有『破軍星居得地』之位入宮，雖能衝刺打拼，但是破耗太多，與對宮的『武相』也會造成『因財被劫』的問題存在，基本上這個時間是害多於利的，因此也最好別用。

8 『紫微在未』命盤格式的『強運』周期表

8.紫微在未

巳	天機(廟) 午	紫微(廟) 破軍(旺) 未	申
太陽(旺) 辰			天府(旺) 酉
武曲(平) 七殺(旺) 卯			太陰(旺) 戌
天同(平) 天梁(廟) 寅	天相(廟) 丑	巨門(旺) 子	廉貞(陷) 貪狼(陷) 亥

(圖十六)

『紫微在未』命盤格式
運氣曲線圖

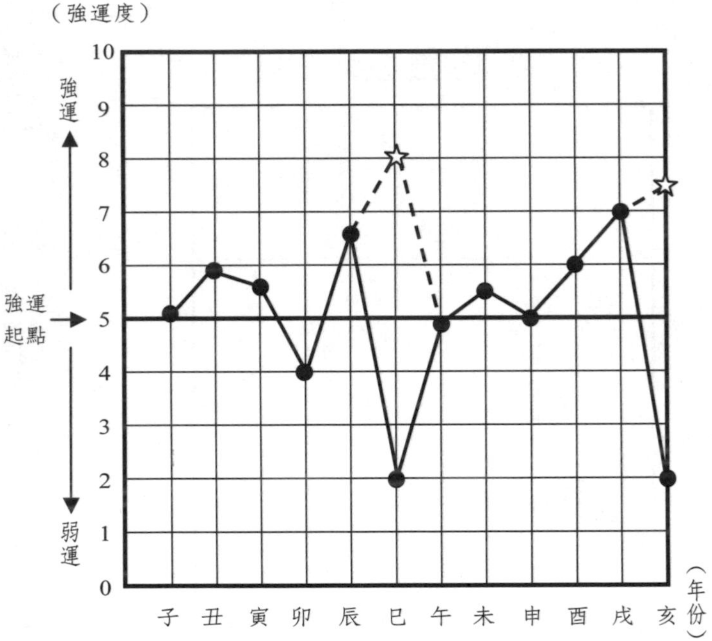

(1) ☆星點為『火貪格』、『鈴貪格』所造成的『偏財運』強度。

(圖十七)

當你的命盤組合是『紫微在未』命盤格式的時候（如圖十六），

我們可以從運氣圖上（圖十七）看到，你一生的運氣是這樣的：

第一個強運高潮點

『紫微在未』命盤格式的人，第一個『強運』高潮點在丑、未年這組星曜當值的流年、流月裡，以未年『紫微、破軍』皆居廟旺為高點。對宮有『天相』居廟旺相照。『破軍星』衝動打拚的精神，被『紫微』、『天相』這兩顆穩重的福星、輔佐得宜，將它導向一個積極進取、無限吉祥的『強運』運程。因此你在走這個運程時，可創業、開拓新的研究策略方向，為人生寫下新的、超值的一頁！

形成『暴發運』的出生時辰

寅午戌年生的人：生在辰時、戌時，有『火星』。（辰時偏財運較強）
生在寅時、申時，有『鈴星』。（寅時偏財運較強）

申子辰年生的人：生在卯時、酉時，有『火星』。（卯時偏財運較強）
生在丑時、未時，有『鈴星』。（未時偏財運較強）

巳酉丑年生的人：生在寅時、申時，有『火星』。（寅時偏財運較強）
生在丑時、未時，有『鈴星』。（未時偏財運較強）

亥卯未年生的人：生在寅時、申時，有『火星』。（申時偏財運較強）
生在丑時、未時，有『鈴星』。（未時偏財運較強）

當『火星』、『鈴星』進入巳、亥宮，和『廉貪』同宮或相照的時候，會產生爆發『偏財運』的機會。其中以『火、鈴』在巳宮居廟旺的狀況，偏財運最強，獲得的錢財也較多。

第二個強運高潮點

在『紫微在未』的命盤格式中，第二個『強運』高潮點，在辰、戌年。辰年有『太陽居旺』、戌年有『太陰居旺』，相互照會著。『日月相照』帶來了自強不息，日夜不停的忙碌日子，但心情卻是愉快的。運氣在太陽寬厚的揮灑之下，一切都是那麼的順利、快樂。因為『太陽星』與『太陰星』皆居旺的關係，你一生都和男人、女人有很好的關係。你也會工作、財運都非常順利。

第三個強運高潮點

在『紫微在未』命盤格式的人，第三個強運高潮點在子、午年。

子年有『巨門居旺』，午年有『天機居旺』，在相互照會著。讓你的子年和午年，在有運氣變化時，多運用口才，會產生吉祥順利的變化。

『巨門』是暗曜，也代表是非、麻煩。倘若有『化權、化祿、化科』同官，你就掌握住主控權了，在子年這個口才特別好的流年、流月裡，吵架都會贏了。你也可以在這個年份賺『口才錢』，例如教學、推銷或是競選民意代表等等，將會有很不錯的成績。

普通的運程

較普通的運程，應該是卯、酉年和寅、申年。

卯年有『武曲、七殺』同宮入值。『因財破劫』；『武曲財星』居平陷，『七殺星』居旺，由此可看出忙碌了半天，還是賺不到什麼錢，破耗又多，捉襟見肘的窘況，可見一般了。

酉年有『天府』的居旺入值。講起來酉年應該是在這個普通運程裡較旺的一年了。但是因對宮『武殺』的『因財被劫』影響，還是破耗很多的，人也會變得慳吝了。

弱運的低潮點

在『紫微在未』的命盤格式中，最最弱運的低潮時刻當推『巳、亥』年了。這是一個『廉貞』、『貪狼』陷落的流年、流月的運程。對外的關係很壞，與家中的人相處也不好，沒有貴人，凡事都不順不吉利，心情也壞到谷底。這一段的日子像是漫漫長夜，在黑暗裡摸索一般，一直到等到子年的到來，或下一個流月的到來，才會慢慢變好。

『陽梁昌祿』格

在『紫微在未』的命盤格式中的『陽梁昌祿』格的這組星中，『太陽』、『天梁』，這兩顆星都是居旺的。雖然在角度上略有偏差，但是若是『文昌』、『祿存』、『化祿』等星會和『太陽』或『天梁』的任何一顆星，在四方、三合地帶同宮或照會的話，你的成就依然是很高的，在讀書和官運顯揚的強運上，有極高成就的。若是『祿星』不在四方、三合的位置上，這個『陽梁昌祿』格，就是一個破碎的格局了，比較無力。但是在流年逢到這個格局上的任何一顆星，你仍是有好運的。

『機月同梁』格

在『紫微在未』的命盤格式中，『機月同梁』格中的『天機』、

『天梁』、『太陰』等星都是居廟旺的，只有『天同居平』。故而從這個格局中可以看出，你是較適合做上班穩定的公務員或上班族，過著朝九晚五的生活較穩定，在財富的獲得與進出上，也會較穩定。不然在巳、亥年就要嚐到無錢的煩惱了。

『殺、破、狼』格

在『紫微在未』的命盤格局裡，『殺、破、狼』這組星曜中，有『七殺』、『破軍』是居旺的，『貪狼』是陷落的。由此可以看出你在人生有變動時，是忙碌打拚而辛勞的。『廉貪陷落』，縱使有『火星』、『鈴星』進入與其同宮或對照，其爆發『偏財強運』的機率也是極低，所獲得的錢財利益也極少，真是不夠看的！

『七殺』所在的宮裡，因為和『武曲財星』同宮，『因財被

劫』、『因財持刀』，會因錢財的問題，和人反目成仇，這也不算是強運了。

『破軍』雖然和『紫微』同宮，帶來唯一的吉祥變化的時刻，但是『破軍』破敗的本性，始終是不能改的，小血光、破財在所難免。

因此整個來看，『紫微在未』命盤格式的人，他們在有『殺、破、狼』格局所主宰的年份上，所產生的變動，不算是『強運』的變動，跟別的命盤格式來相較，就差一點了。

強運的時辰

在『紫微在未』的命盤格式中，你的『強運』時辰應該是：子時《夜十一時至凌晨一時》、午時《中午十一時至下午一時》，有『巨門』和『天機』相照會。這是一個利於口才表現，以口才即可擺平是非，利於說服別人的時間，好好利用，可扭轉乾坤！

丑時《凌晨一時至早上三時》、未時《下午一時至三時》，有『紫微、破軍』和『天相』互相照會，這是一個利於打拚衝刺的時間，你在此時遇到的人和事物，都會非常吉祥。辦事順利。可以作一些建設性，開拓性的工作。

辰時《上午七時至九時》、戌時《下午七時至晚間九時》，辰時有『太陽居旺』，你的心胸開闊，遇到男人時，特別有緣，在你寬容的心胸下，對方也被你感染了愉快的因素，因此在洽談商務，和處理事情上變得輕鬆容易了。

戌時《晚上七時至九時》利於和女人談事情，也是『陰財』滾滾而來的時間，你可以在這個戌時，暗暗的去翻你的存款簿，一定會發現，哇！有這麼多錢了呢！

▼天天『強運』一番

普通的時辰

在『紫微在未』的命盤格式裡，比較普通的時辰是：寅時《早上三時至五時》、申時《下午三時至五時》。這兩個時辰中主要是『天同、天梁』兩顆星在主宰著。『天同居平、天梁居廟』。在這兩個時間內，你若是忙著讀書還好，若是要忙著開發，與拓展新事務，是不會有什麼好結果的。因為這是個心懶安享多於衝刺的時間。

卯時《早上五時至七時》、酉時《下午五時至七時》，卯時是『武殺』坐鎮的時間，很拼命但無財。酉時是『天府』坐鎮的時間，雖有財，但被對宮『武殺』影響，情況雖較好一點，還是算劫財，故只能算普通的時間了。在酉時辦事和與人約見，情況利與弊互見。

弱運的時辰

『紫微在未』命盤格式的人的弱運的時辰就是巳時《上午九時至十一時》、亥時《晚上九時至十一時》。這是『廉貪陷落』的時辰，人際關係差，財也不多。你若是選此時去辦事，與人約見，肯定是凡事都不會成功的，見面也不會有愉快場面的。

『廉貪』造成你運勢上的衰弱，你試試看！在這巳、亥兩個時間內，你若遇見狗、連狗都會咬你呢！

你的財怎麼賺

身宮命主身主

9.紫微在申

太陽(旺) 巳	破軍(廟) 午	天機(陷) 未	紫微(旺) 天府(得) 申
武曲(廟) 辰			太陰(旺) 酉
天同(平) 卯			貪狼(廟) 戌
七殺(廟) 寅	天梁(旺) 丑	廉貞(平) 天相(廟) 子	巨門(旺) 亥

(圖十八)

『紫微在申』命盤格式
運氣曲線圖

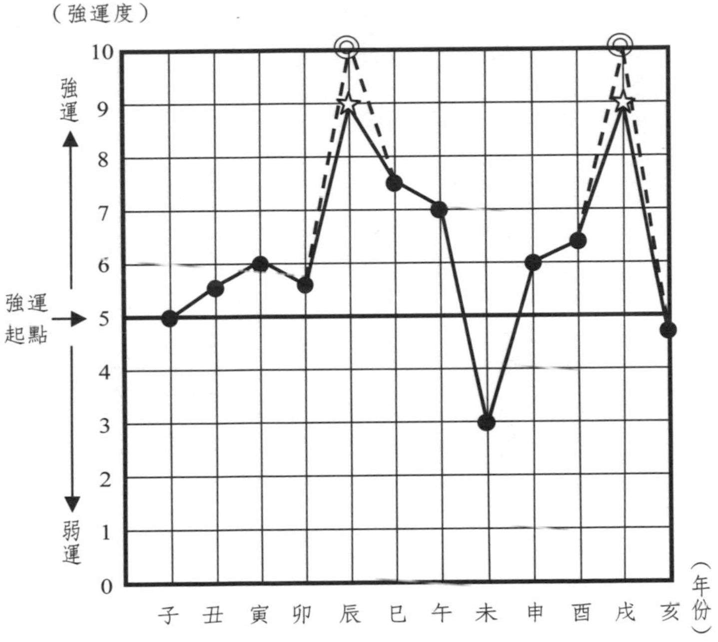

(1)☆星點為『武貪格』所爆發『偏財運』的強運點。

(2)◎標示為『武貪格』加『火貪格』、『鈴貪格』所爆發的超級雙『偏財運』的強運點。

(圖十九)

第一個強運高潮點

在『紫微在申』命盤格式裡，第一個『強運』高潮點，當然首推辰、戌年的『武曲、貪狼』所形成的『武貪格』的強運了。

具有『紫微在申』命局的人，都知道自己每隔六、七年有一次爆發『強運』的機會。因為是『武曲』和『貪狼』的照會，所以多半是爆發在事業上而再獲得金錢的。若是有『火星』、『鈴星』再在辰、戌宮出現的話，那這個『偏財運』的威力真是超級的旺盛，屬於『偏財強運』中第一等級的『強運』了！所爆發在事業及錢財上的利益，也是無法估計的！而且可以直接獲得金錢（例如中特等大獎等等）。下列是會有這些超級好運的人出生的時間。

形成『暴發運』的出生時辰

寅午戌年生的人，生在卯時、酉時，有火星。(酉時偏財運最強)

生在丑時、未時，有鈴星。(未時偏財運最強)

申子辰年生的人，生在寅時、申時，有火星。(申時偏財運最強)

生在子時、午時，有鈴星。(子時偏財運最強)

巳酉丑年生的人，生在丑時、未時，有火星。(未時偏財運最強)

生在子時、午時，有鈴星。(子時偏財運最強)

亥卯未年生的人，生在丑時、未時，有火星。(丑時偏財運最強)

生在子時、午時，有鈴星。(子時偏財運最強)

『紫微在申』的命盤格式中，雖然也有人有『武貪』和『火貪』或是『武貪』和『鈴星』所造成的雙重爆發運。但是若有『羊、陀』進入這辰、戌二宮，則為破格。也會影響了『偏財運』爆發的威力了。有一個小祕訣可以幫助它，就是小血光可以破這個戒律。你可以用捐血、穿耳洞等方法來改變它。

第二個強運高潮點

『紫微在申』的命盤格式裡，第二個『強運』高潮點是寅、申年。寅年是『七殺廟旺』入宮。申年是『紫微、天府』入宮，兩宮相互對照。寅年比申年更努力，更拼命於事業上的打拼。『紫微、天府』會讓你的努力更順利一些，錢賺得更多一些，努力起來也更帶勁一點！

第三個強運高潮點

『紫微在申』命盤格式中的第三個『強運』高潮點在巳、亥年。

巳年有『太陽星』居旺入值。亥年有『巨門居旺』入值。兩星在對宮互相照會著，『陽巨』所產生的強運，可以使你在巳、亥年這兩個流年、流月中賺『口才錢』，或靠口才吃飯，都有一些成就。

『巨門居旺』的流年年份裡，尤其是又有『祿、權、科』星入值的時候，你非常具有說服力與辯才，可以好好利用。但是『巨門星』帶來的是非、麻煩也不少，需要你用口才去化解。

普通的運程

在『紫微在申』的命盤格局裡，有子年、丑年、酉年、午年算是普通的運程。

子年是『廉相』坐入宮，流年、流月裡也會受到對宮『破軍星』的影響，忙碌的去開創一些新的事業和事物。在平順裡，花費還是挺多的，因此這是個投資的年份。

丑年有『天梁星』廟旺當值。因對宮『天機星』居陷落的位置，雖然丑年是平順的、名聲響亮的，但是因為外界的環境不太好，財的獲得很少，故只是個很普通的『強運』運程罷了。

午年有『破軍星』當值，雖是居廟旺之位，利於衝刺打拼，但是破財、耗財仍多，是需要小心節省的年份和月份。

酉年有『太陰居旺』當值。這是一個人緣極佳，可靠人緣生財的流年年份或流月月份。『太陰』是財星，故你可過得極豐裕。

弱運的低潮點

在『紫微在申』的命盤格式中，弱運的低潮點在未年走『天機陷落』的運程時，所展現出來的。其實弱運從上一個年度（馬年）裡眾多的破耗就已伏下了因果的種子。到了未年，一切問題全顯現出來了，做事不順，財進不來，人緣上也會遇到一些對你沒有幫助，只有來破耗你的錢財的人，因此你在未年一定要採取守勢，否則將會跌得很慘！還好，下一個年度就是強運期了，一切忍耐就會過去了。

『陽梁昌祿』格局

在『紫微在申』的命盤格式裡，『陽梁昌祿』格所有的『太陽』、『天梁』兩顆主星都居旺位。若再加上『文昌』、『祿星』的方位好的話，你一生的成就會有不凡的經歷。因此你可好好的為前途打算，由其是『太陽』、『天梁』是居三合的位置，若是『文昌』與『祿星』也在三合的位置出現，你再好好的利用這些星出現的年份。定能站在成功的高峰之上的。

『機月同梁』格局

在『紫微在申』的命盤格式裡，屬於『機月同梁』格的這組星中，其中『天梁』、『太陰』是居旺的，『天機』、『天同』是平陷的星。由此可知你要是去做公務員或上班族的話，只有百分之五十的好運。肯定是累得不得了！並不愉快的。因此自己創業或作老闆比較適合你。進的財也比較多。

『殺、破、狼』格局

在『紫微在申』的命盤格局中，『殺、破、狼』格局的這組星中，『七殺』、『破軍』、『貪狼』都是居廟旺的。因此在這三個人生會產出動盪變化的流年裡，你可以好好把握住這些三星的特性，把人生推向更高更旺的境界。

『七殺星』是利於衝鋒陷陣、埋頭苦幹，能進大財的流年時間。破軍也是利於衝刺、開疆拓土的開創精神，只要拼命就會贏的局面。

『貪狼』利於人際關係，屬木，利於文藝面的活動，利於考試，利於文名。『貪狼』又坐在爆發運上，因此在『貪狼』入主的流年裡，想不發也不難了！

強運的時辰

紫微在『申』命盤格式，『強運』時辰為：寅時《早上三時至五時》、申時《下午三時至五時》。

寅時有『七殺』入宮，對宮是『紫府相照』，在這個時間裡，利於打拼、埋頭苦幹、成就非凡，做事順利，但很忙碌。

申時《下午三時至五時》有『紫府』當值，對宮『七殺相照』。『紫府』是很穩重的星，又是『帝王』與『祿庫』同坐，富貴難擋。你在這個時間與人談事情，你的氣度與胸襟，定會讓對方折服的。

辰時《上午七時至九時》、戌時《下午七時至九時》。辰戌時所坐的星是『武曲』和『貪狼』相對照會著。這是一個有極大『偏財運』的時間，你可要好好把握，不要讓好運溜走了。

巳時《早上九時至十一時》有『太陽居旺』入宮。因此在巳時這個時辰裡，你的運氣很旺。對宮又有『巨門居旺』相照的狀況下，你的氣度恢宏，很有說服力，這個時候時去面對與男人的競爭或談判是最好的了，你一定會佔有優勢的！

酉時《下午五時至七時》有『太陰居旺』入宮。『太陰』是陰財，又是人緣，在這個時段裡，與人約會見面談心是非常快樂的事情，在這個時間裡，做與人際關係有關的工作也是非常順利的。這個時間賺的錢，表面上是看不到有多少，暗地裡真是豐裕呢！在這個時間裡與女人特別有緣，要善加利用。

亥時《晚上九時至十一時》有『巨門居旺』入宮。『巨門』是暗曜，主是非，但是『巨門』也主口才，也因為對宮『太陽』光芒的照耀，更增加了『巨門』口才的強運。在這個時間裡，無論是辯論、說服，一切需用口才能力的事情，都可儘量放到這個時段來做，你會有意想不到的好處！

普通的時辰

子時《晚上十一時至凌晨一時》、午時《上午十一時至中午一時》。

子時有『廉相』同宮入值。一切按步就班的工作著，運不是很強，但平靜順利的渡過。財運可獲得復原變好。

丑時《凌晨一時至三時》，有『天梁居旺』入宮，雖然是有貴人星，有好名聲的時間，可惜太早了。

午時《上午十一時至中午一時》此時有『破軍居廟旺』入宮。這一個利於打拼、開創的時間，倘若你前有什麼想做不敢做的事情，可利用這個時間去做，例如去見嚴厲的師長，或是要拜見準岳父岳母等的事，都可利用這個時間去做、去努力，效果會不錯。

弱運的時辰

『紫微在申』的弱運時辰，就在未時、卯時。

未時《下午一時至三時》，這個時辰裡有『天機星』陷落入值。

這是一個萬事都不順的時間，而且還事事多變化、又都是不好的變化。

倘若你要做重大的決定，也請千萬別選此時來做，否則後果會讓你後悔的。

卯時《上午五時至七時》，這個時間裡有『天同居平』入宮，這是一個瞎忙、窮忙的時間，正事做不了，閒事一大堆，而且重玩樂的心情太重，倘若你要用這個時間，談重要的事情，最後一定是玩票的性質，而無法成功的。

10『紫微在酉』命盤格式的『強運』周期表

10.紫微在酉

武曲(平) 破軍(平) 巳	太陽(旺) 午	天府(廟) 未	天機(得) 太陰(平) 申
天同(平) 辰			紫微(旺) 貪狼(平) 酉
卯			巨門(陷) 戌
寅	廉貞(平) 七殺(廟) 丑	天梁(廟) 子	天相(得) 亥

(圖二十)

『紫微在酉』命盤格式
運氣曲線圖

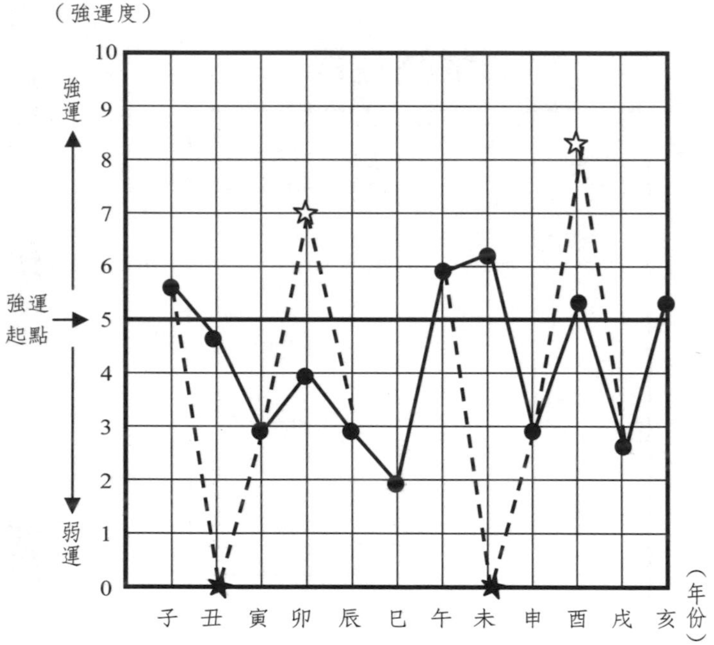

(1) ☆星點為『火貪格』、『鈴貪格』所造成的『暴發運』。

(2) ★星點為『廉殺羊』、『廉殺陀』所造成的凶運。

(圖二十一)

第一個強運高潮點

在『紫微在酉』的命盤格式裡，倘若有『火星』、『鈴星』進入卯酉宮時，因為『火貪格』、『鈴貪格』的影響，當然第一個高潮點是屬於卯酉年的『偏財運』、『暴發運』強運。

倘若『火、鈴』沒有進入卯酉宮時，則第一個高潮點的『強運期』則屬子、午年的『天梁』和『太陽』相照的這兩個流年。

年份具有『火貪』、『鈴貪』格的『暴發運』的生辰時間：

形成『暴發運』的出生時辰

寅年戌年生的人，生在寅時、申時，有『火星』(申時偏財運最強)

生在子時、午時，有『鈴星』(午時偏財運最強)

天天『強運』一番

申子辰年生的人，生在丑時、未時，有『火星』。(未時偏財運最強)
生在巳時、亥時，有『鈴星』。(亥時偏財運最強)

巳酉丑年生的人，生在子時、午時，有『火星』。(午時偏財運最強)
生在巳時、亥時，有『鈴星』。(亥時偏財運最強)

亥卯未年生的人，生在子時、午時，有『火星』。(子時偏財運最強)
生在巳時、亥時，有『鈴星』。(亥時偏財運最強)

講起來『紫微在酉』的命盤格式本來是具有『火貪』、『紫火』等雙重爆發運的，但是因為卯、酉宮為桃花敗地，桃花影響了『偏財運』的旺度，所以在酉宮的『紫貪』加『火鈴』所爆發的『偏財運』雖然也很旺，但是已失去它原來應該得到的部份『強運』了。

倘若你的『火、鈴』雙星沒有進入卯、酉宮時，你的第一個『強運』高潮點應該是子、午年『太陽』和『天梁』相對照的這組星組。這是『陽梁昌祿』格中的兩顆星，皆居廟旺。另兩方有『紫微、貪狼』相照。這是一個利於各種考試、升官、揚名的大好時機，在這兩個年份裡，你也會得到貴人的幫助，大展鴻圖的。

第二個強運高潮點

在『紫微在酉』的命盤格式裡，第二個『強運』高潮點是在未年。未年（羊年）有『天府星』廟旺入宮，這一年財富豐裕，志得意滿，是一個可以大進財的年份。可是對宮『廉殺』的影響，造成『因財被劫』的困擾，也會有漏財、破財的可能。不過沒有關係！『天府』是財庫星，對於這些小破小耗的問題，它是倉庫豐滿而無懼的。

弱運低潮點

『紫微在酉』的命盤格式的弱運低潮點在辰戌年。尤以戌年最差。戌年時走『巨門陷落』的運，對宮『天同居平』，福星陷落不能為福，四方另有『廉貞』、『七殺』、『天府』相照，暗曜與煞星較多，也造成這一年是非、災禍頻頻的困境。

辰年是『天同居平』，對宮『巨門陷落』相照。在辰年這一年裡，東忙西忙只是為解決是非禍端的事情，正事都做不成，如何算是好運呢？

丑年時，『廉貞、七殺』入宮，若又有『羊、陀』同宮或在對宮相照。在大運、流年、流月三合湊殺時，會有血光造成的性命之憂。平常的流年、流月遇到也是血光災禍發生的時候。

巳年（蛇年）時，『武曲、破軍』入宮，對宮相照的『天相』也只是得地。『武、破』同宮在巳，也趨平陷，『因財被劫』的困擾，沒有財而又有破耗，這一年，真是辛苦勞碌而無所得，連帶的人緣也不好，日子真是不好過！

縱觀『紫微在酉』命盤格式，除了子、午、卯、酉和未年較好之外，其他的年份，都很弱。並且在『強運』的年份裡，若是你時間生的好，有爆發『偏財運』的機會，在卯酉年能多得一些財之外，其他的日子，多不主財。並且『紫微在酉』命局的人，常常是走一年『強運』，再走兩年衰運，『強運』沒辦法連結在一起，衰運也沒辦法救濟，真叫做『辛苦』了！

『陽梁昌祿』格局

在『紫微在酉』的命盤格式裡，『陽梁昌祿』格中的『太陽、天梁』兩顆星都居在廟旺之位。再有『祿星』來會合，這是一個主貴的命格。凡擁有『紫微在酉』命盤格式的人，應該好好把握這『陽梁昌祿』格裡的星曜所居的宮中（年份）好好努力，因為過了這一年好運，就要再等三年，才到『強運』的時候，實在太久了。

『紫微在酉』命盤格式裡的財星幾乎都居平陷，故『陽梁昌祿』格實在可幫助你改變一生的命運。

『機月同梁』格局

在『紫微在酉』的命盤格式中，『機月同梁』格裡，『天機』為得地，剛及格。『太陰』及『天同』居平陷。只有『天梁居廟』。其做公務員的運氣只有百分之五十的好運。而且你職務的種類是屬於清高型和財務無關的。公務員和固定的上班族的工作只能給你帶來平順的財運。是沒有什麼大財可發的。因此你若做學術研究之類的工作，是很適合你的。

『殺、破、狼』格局

在『紫微在酉』的命盤格式裡，『殺、破、狼』格局中，只有『七殺居廟』。『貪狼』與『破軍』兩顆星都居平。由此可見，在你一生中會造成人生變化的衝擊力的『強運』力道並不強，有時反而是災禍頻仍，好運不多，因此你要注意這些會發生變化的年份。例如丑年『廉殺羊』、『廉殺陀』的性命相關的問題。巳年『武破』的破財、血光的問題，都是你需要去面對的，而且要小心度過的，別人是幫不了忙的。

強運的時辰

『紫微在酉』命盤格式中，子時《夜十一時至凌晨一時》，這是一個有貴人的時間，也利於讀書研究，你不妨苦讀至夜裡一時以前，說不定會給你帶來高官厚祿的前程。

午時《上午十一時至下午一時》，這個時間是『太陽居旺』的時辰。你有非常好的運氣，你可把重要的事情都放在此時去解決，相信會帶給你順利吉祥的成果的。

卯時《早上五時至七時》、酉時《下午五時至七時》，這兩個時辰有『紫貪』進入。你有非常好的人緣，凡是需要人緣的事情，例如請人幫忙，與女友約會等等儘量選這兩個時辰去見面，會有意想不到的好運！

倘若再有『火、鈴』進入卯酉、宮的人，這卯時、酉時也是你爆發『偏財運』的吉祥時辰，你一定要把握！

未時《下午一時至三時》此時有『天府』入宮。這一個會進財的時間，你可以利用此時來做與財務有關的事情，例如去銀行辦事之類。若是存錢的事情，錢會增多。若是付錢的事情，破耗也會減少。財星居旺的時間裡處理財務問題，好處多多，不信你試試看！

弱運的時辰

『紫微在酉』命盤格式中，丑時《凌晨一時至三時》有『廉殺』入宮，這是有『廉殺羊』、『廉殺陀』，容易有血光問題的時間，最好在家裡睡覺，千萬別走在路上，以免災禍降臨。

▼天天『強運』一番

巳時《上午九時至十一時》，有『武破』入宮。這是一個『因財被劫』的破財時刻，在此時儘量別支付任何金錢，以免有損失，此刻更不宜談論與財務有關的問題，更會破耗。一切等過了十一點以後再說。

戌時《晚上七時至九時》，此時有『巨門陷落』入宮。這是一個是非口角頻至的時間，因此你在此時最好獨處，少跟別人接觸，以免是非災禍上身。

11.紫微在戌

天同(廟) 巳	武曲(旺) 天府(旺) 午	太陽(得) 太陰(陷) 未	貪狼(平) 申
破軍(旺) 辰			天機(旺) 巨門(廟) 酉
卯			紫微(得) 天相(得) 戌
廉貞(廟) 寅	丑	七殺(旺) 子	天梁(陷) 亥

(圖二十二)

『紫微在戌』命盤格式
運氣曲線圖

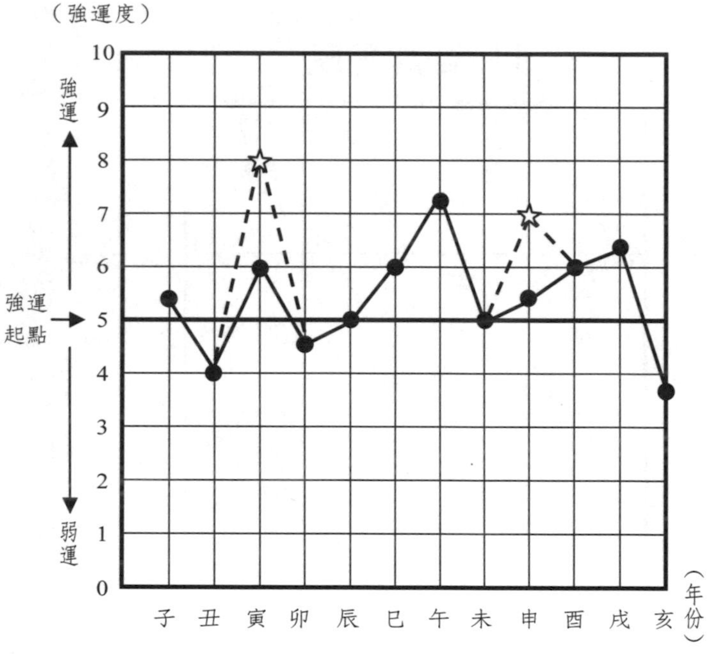

(1) ☆星點為『火貪格』、『鈴貪格』所爆發『偏財運』強運點。

(圖二十三)

第一個強運高潮點

『紫微在戌』命盤格式的人，其『強運』高潮點是這樣的，若是有『火星』、『鈴星』進入寅、申宮，第一個『強運』高點，則是因寅、申宮爆發的『火貪格』、『鈴貪格』的『暴發運』，虎年、猴年就是第一個『強運』高潮點。

若沒有『火、鈴』進入寅申宮的人，在寅、申年所能爆發的好運極弱，故第一個『強運』高潮點，應該是辰戌年，『破軍』與『紫微、天相』相對照的『強運』年份。首先來談那些人具有爆發『暴發運』的生辰時間。

形成『暴發運』的出生時辰

寅年戌年生的人，生在丑時、未時，有『火星』。(丑時偏財運最強)
生在巳時、亥時，有『鈴星』。(亥時偏財運最強)

申子辰年生的人，生在子時、午時，有『火星』。(子時偏財運最強)
生在辰時、戌時，有『鈴星』。(辰時偏財運最強)

巳酉丑年生的人，生在巳時、亥時，有『火星』。(亥時偏財運最強)
生在辰時、戌時，有『鈴星』。(辰時偏財運最強)

亥卯未年生的人，生在巳時、亥時，有『火星』。(巳時偏財運最強)
生在辰時、戌時，有『鈴星』。(辰時偏財運最強)

『紫微在戌』命盤格式的人，若具有『暴發運』格的話，因其所在的宮位中，『廉貞』居廟，『貪狼』相照居平。而『火星、鈴星』在寅宮居廟，在申宮居陷落。故而『火、鈴』居寅宮的『偏財運』較強。而『火、鈴』居申宮的『偏財運』極弱，若再有『桃花』來劫財，可能根本不發了！又『廉貞』與『貪狼』相照，也有『暴起暴落』的問題，財可以留得住的真的不多。

辰戌年的『強運』高潮點，是辰宮中的『破軍居旺』與戌宮中的『紫微、天相』二星都在得地之位而形成的。『破軍』是開創、衝動的能臣，『紫相』有穩定、趨吉的輔佐作用。兩相配合可把你的『強運』推上更高的層次。因此你在龍年、狗年的時候，事業、學業，各方面的成績都是吉祥如意的。

第二個強運高潮點

『紫微在戌』的命盤格式裡，第二個『強運』高潮點是午年（馬年）。有『武曲、天府』進入午宮，馬年就是你大進財富的一年。這一年中，你不但在財富上獲得很多，一切吉祥如意。但是要小心對宮『七殺星』對你的影響，會有些為富不仁的行為出現，這也是『因財被劫』之故所造成的。要是你為富不仁的行為太過火了，你將會失去親人和朋友的信賴。

第三個強運高潮點

『紫微在戌』的命盤格式裡，第三個『強運』高潮點是卯、酉年

的『天機、巨門居旺』的運程。『天機居旺』時，運程裡有些小的變化是趨吉的。『巨門星居旺』時，是非口角不是沒有，而是較少一點，較不嚴重，『巨門』是口才星。『巨門居旺』，也可利用口才之利來賺口才錢。『機巨居旺』的運也是極適合作學術研究的，可獲得好的成就。

弱運的低潮點

『紫微在戌』的命盤格式的人的弱運低潮點在亥年（豬年）、丑、未年。

亥年有『天梁陷落』入宮，這一年很忙碌，但做任何事都無所獲，而且沒有貴人，沒有人緣，你也吝嗇去幫助別人。因此更造成自己的困苦。進財也不順利。

在這亥年裡，你一定要敞開心胸，想到『幫別人就是幫自己』，才會給自己造一條好路走。

丑、未年，有『太陽、太陰』同宮或相照著。『太陽居得地』之位，『太陰』居陷無光。在這兩個年份裡，與女人交手都是不利的，而且賺錢進財不易，馬不停蹄的忙碌又非常辛苦。真有大嘆『為誰辛苦為誰忙』的苦經了！

『陽梁昌祿』格局

『紫微在戌』命局的人，你的『陽梁昌祿』格的這組星曜中，『太陽』是得地，不算旺，『天梁』又是陷落。倘若時間生得好，時系星『文昌星』居旺的話，再加上『祿星』，你不過是一個懂得精打細算的商人命格。倘若『文昌星』又居陷，財的部份也會再打折扣的。並且你要從官途，也是運程坎坷了。

『機月同梁』格局

在『紫微在戌』的命盤格式裡，屬於『機月同梁』格的這組星中，有『天機』、『天同』居旺。而『太陰』、『天梁』居陷。看起來你做公務人員的機會不大，因此必須做自己的事業較佳，在進財時較穩當。

『殺、破、狼』格局

『紫微在戌』的命盤格式裡，屬於『殺、破、狼』這組星曜中，有『七殺』、『破軍』皆居旺位，『貪狼』是居平的，因此你可掌握衝刺與打拼的努力來改變一生的命運。尤其是在『七殺』與『破軍』所在宮位的年份裡如子年、辰年，拼命努力為最有效。

▼天天『強運』一番

『貪狼居平』的猴年裡，倘若有『爆發運』對你也是挺不錯的。雖然獲財很少，但總是提升了『強運』。

強運的時辰

『紫微在戌』命盤格式的人，『強運』時辰：

子時《夜十一時至凌晨一時》，利於努力打拼，到外面去賺很多錢。

午時《上午十一時至下午一時》，這是『武曲、天府』入宮的時辰。可讓你富甲一方，利於經商、賺取錢財，一切有關財務的事，選此時去做最好了，人也會很精明，精於計算。

酉時《下午五時至七時》，有『天機、巨門』居旺入宮，可掌握變化，利用口才化解一切的是非口角。

戌時《晚上九時至十一時》，有『紫微、天相』入宮，這是一個處事平和、萬事如意的時辰，倘若有棘手的問題，困難的問題，用這個時間去解決，會得到圓滿的效果。在這個吉祥強運的時間裡思考。也是有意想不到的好的主意的。

辰時《早上七時至九時》，有『破軍』入宮，這是一個利於競爭、打拼的時間，你不要將它都浪費在上班的路上了。應該早早的決定了方向去努力。這個時間又很利於開創新的關係及新的事物的決定。又有對宮『紫相』的幫助，你一定會馬到成功的。只可惜『破軍』有破耗的本性，你要小心行動中給自己帶來的破財之事。

弱運的時辰

『紫微在戌』的命盤格式中，『弱運』的時辰為：

亥時《晚上九時至十一時》。有『天梁陷落』入宮，這個時間你應少在外面行走，以免發生問題時，沒有貴人幫忙。因為『天梁陷落』，是非是極多的。

未時《下午一時至三時》。有『太陽、太陰』入宮。在這個時間內，最好別與女人發生衝突，否則你是佔不到便宜的。在這個未時，財星陷落，不但不進財，也沒有人緣，不宜用來和人約會談事，尤其是做生意進財的事，否則只會帶來白忙一場，敗財、耗財不斷罷了。

申時《下午三時至五時》。有『貪狼居平』進入。此時不宜用來與人際關係有關的事務來利用，否則就會自討沒趣。

12『紫微在亥』命盤格式的『強運』周期表

12.紫微在亥

天府(得) 巳	天同(陷) 太陰(平) 午	武曲(廟) 貪狼(廟) 未	太陽(得) 巨門(廟) 申
辰			天相(陷) 酉
廉貞(平) 破軍(陷) 卯			天機(平) 天梁(廟) 戌
寅	丑	子	紫微(旺) 七殺(平) 亥

(圖二十四)

『紫微在亥』命盤格式
運氣曲線圖

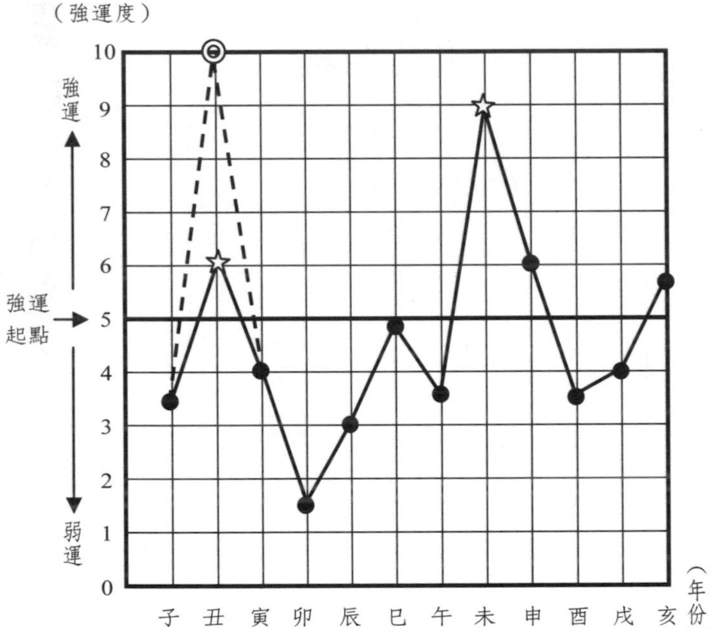

(1)☆星點為『武貪格』爆發『偏財運』的點。

(2)◎圓點為有『火星』、『鈴星』的『雙偏財運』的點。

(圖二十五)

第一個強運高潮點

『紫微在亥』命盤格式的第一個『強運』高潮點在丑、未年。

丑、未年有『武曲、貪狼』形成的『武貪格』。這是一個具有極度爆發『強運』的年份。未年比丑年更強，主要是因為未年是『武貪』入宮當值。而丑年只是『武貪』二星回照的關係。

倘若再有『火星、鈴星』進入丑、未二宮，則在丑、未年就有雙重的『偏財強運』會爆發，其威力之強，應屬於第一等級的爆發運，若是以金錢來衡量，會有上億的財產之多。下面是會有雙重『爆發運』爆發機會的人之出生的時間。

形成雙重『暴發運』的出生時辰

寅年戌年生的人，生在子時、午時，有『火星』。(子時偏財運最強)
生在辰時、戌時，有『鈴星』。(戌時偏財運最強)

申子辰年生的人，生在巳時、亥時，有『火星』。(亥時偏財運最強)
生在卯時、酉時，有『鈴星』。(卯時偏財運最強)

巳酉丑年生的人，生在辰時、戌時，有『火星』。(戌時偏財運最強)
生在卯時、酉時，有『鈴星』。(卯時偏財運最強)

亥卯未年生的人，生在辰時、戌時，有『火星』。(辰時偏財運最強)
生在卯時、酉時，有『鈴星』。(卯時偏財運最強)

形成雙重『暴發運』機會，主要是『武貪格』又加上『火貪格』或『鈴貪格』所形成的。因此其勢難擋。『武貪格』的強運本來多發在事業上，『火貪格』的『偏運』多發在金錢上。如今這兩種格局合起來，所以直接獲得龐大的財富，也是讓人驚羨的！

第二個強運高潮點

『紫微在亥』的命盤格式的第二個『強運』高潮點在巳、亥年。巳年有『天府星』，亥年有『紫微、七殺』兩相對照。在巳年與亥年這兩個流年裡，你都是能拼命努力，極力打拼，又賺了許多的錢財，生活非常富裕的。在巳年與亥年這兩個年份裡，財帛宮又剛好走到『武貪格』，又剛好得到一筆意外之財，因此感覺上你好像常常在走好運似的，真是太美妙了！

第三個強運高潮點

『紫微在亥』命盤格式的人第三個『強運』高潮點在寅、申年有『太陽、巨門』入宮。寅年是照會。申年是當值。申年的運勢較強。『陽巨』利於口才的運用，有說服力，且能利用口才揚名，在這個流年、流月中你若是參加競選民意代表、為民喉舌、也會有好的表現，當選有望的。

普通的運程

『紫微在亥』命局中，較為普通運勢的年份為辰、戌年。辰年比戌年差。因是『天機、天梁』回照的關係。

戌年有『天機、天梁』入宮，『天梁廟旺、天機居平陷』。『機梁同宮』常造成一種運氣下滑然後再上昇的現象。『天梁』是貴人星，它一定得見你先落難後，才搭救你。所以『機梁同宮』時，都是先壞再好的狀況。『機梁』主才智，不主財。故在『機梁同宮』的戌年裡，你是很聰敏、計謀又多，但是財運卻不好，也賺不到多少錢的。

弱運低潮點

『紫微在亥』的命盤格式中，弱運低潮點在卯、酉年。

卯年時『廉貞、破軍』居平陷，對宮的『天相』又落陷。這是一個又忙又累、又賺不到錢的年份。倘若在『殺、破、狼』三合的位置裡又出現了『羊、陀』，然後又在大運、流年、流月三重湊殺之下，會有性命堪憂的災禍發生，這真是不好過了！

酉年時，有『天相陷落』入宮當值，『天相』是福星陷落，無法造福。對宮『廉破』的影響，因進財困難，人較保守吝嗇，若有『祿星』（祿存或化祿）同宮，較好一點，較會理財，可做經貿方面的工作。

子、午年走『天同、太陰』居平陷的運程時，又忙碌又無大財可進。這一年只是慵懶渡過，沒有豪情壯志，也沒有衝刺打拼的奮鬥意志、修心養性是最好了！等到下一個流年，未年時的爆發『強運』就會把你的意志力帶到高點了。

『陽梁昌祿』格局

在『紫微在亥』命盤格式裡，屬於『陽梁昌祿』格的『太陽、天梁』兩顆星都屬旺位。除非在寅、午、戌三宮位有『文昌』、『祿存』

或是再有『化祿星』在申、戌二宮出現，會有完整的『陽梁昌祿』格。利於追求高學歷和升官。也有暴發運來給他們撐腰，讓他們的人生運程裡是多彩多姿的。

『機月同梁』格局

在『紫微在亥』命盤格式裡，『機月同梁』格的這組星中有『天機』、『太陰』、『天同』這三顆星都居平陷。只有『天梁居旺』。因此『紫微在亥』命局的人，若是從公職和上班族是非常辛苦的。你倘若有特別的人事關係，做空降部隊，到某機關上班，這種狀況還不錯，你若是按照正常管道，一步一步的往上爬，你上升的機會就不大了。

『殺、破、狼』格局

『紫微在亥』命盤格式裡，屬於『殺、破、狼』格局的這組星中，只有『貪狼』這顆星是廟旺的，『七殺』和『破軍』都居平陷。『七殺』還好有『紫微星』來輔正，只造成辛勞而已。否則一生中有三分之二的時間都要處在弱運破耗裡了。

強運的時辰

『紫微在亥』命盤格式，『強運』的時辰：

未時《下午一時至三時》。有『武曲、貪狼』入宮或相照，這個時間是『偏財運』爆發的時間，你要好好把握，留心這兩個時間裡將要發生的事情。

巳時《早上九時至十一時》，有『天府』當值。這是一個可以進財的好時間，你會很忙碌的去算帳，處理財務的問題很好。

申時《下午三時至五時》，有『太陽、巨門』當值。『陽巨』會帶來口才的能力，你若要說服某人或是開演講會，或是發表競選演說，利用這個時間，會讓你大獲全勝。

亥時《晚上九時至十一時》，有『紫微、七殺』入宮，此時利於做競爭的計劃，努力打拼，會賺很多的錢，一切吉祥順利。

弱運的時辰

『紫微在亥』命盤格式，弱運的時辰：

卯時《早上五時至七時》，有『廉破』入宮。這個時間你一定要小心謹慎，若是你在這個時間都是在忙著上班的路上，小心車禍所帶來的官非麻煩和血光破耗及破財。

酉時《下午五時至七時》，有『天相陷落』入宮。這個時間你很忙碌，但是破耗、是非又多，無法心平氣和的過日子。只要你把心情放鬆，腳步放慢、多小心，這個酉時會過得較好一點的。

子時《夜十一時至凌晨一時》和午時《上午十一時至下午一時》，有『同陰居平陷』入宮或回照。這個時間裡，你看起來忙碌，其實是瞎忙，進財不順。你看起來變得溫和，其實人際關係又不很好。尤其與女人的關係很差，也會有是非的問題出現，慢慢來！熬到下一個時辰就好了。

第三章 『強運』的成功法則與時間掌握

第一節 『財運』的『強運』時間法則

金錢是蓄養我們生命的活水。『無錢令人苦，財多使人愁。若是細思量，還是錢多好！』

一般人通常都是被錢追著跑。怎麼說呢？有時是錢不夠花，錢還沒賺進來，該付的帳單已如雪片般飛來。有時則是希望獲得或累積更多的財富，老的時候好享享清福。

其實被錢追著跑的人，是永遠享不到清福的。因為長久的金錢壓力，已經成為你習慣中的一部份，繼而成為你個性中的一部份，『努力追求金錢的本性』已不能放棄你，你也不能放棄他了！若是一但失去這種相互依存的關係，也許你的人生就會凋謝了！

既然如此，我們還是一同來看看，如何才能在追求金錢財富的過程中，掌握到一些特定的旺運時間，使你可快速確實的進財。這樣也好減少一些事倍功半，或是即使拼出吃奶的力氣，也得不到『錢果』的悲慘時間！

金錢運的看法

首先我們要看你的財帛宮是何主星？由此可知是何種進財的方法。順不順利？及手邊流通的錢財是多是少？

其次，再看福德宮的主星。這是你財的源頭及你本身享用的是否

豐足？源頭好，享用豐足。就算是手邊錢少，仍有貴人會提供你享受。源頭不好，手邊財多，財來財去，沒有存留。也永遠是跟著錢跑，無法休息停止，算是勞碌的了。

由財帛宮和福德宮，我們大概的對自己的進財方式，及享用的多與少，有了概括的認識之後，再來要看流年命宮，與流年財帛宮、流月財帛宮的主星入座的狀況了。(流年命宮、流年財帛宮、流月財帛宮的看法在書後有詳述，可供讀者參考。)如此就可掌握每一年、每一個月進財的實際狀況了。

當財星如『天府』、『武曲』、『太陰』、『七殺』等星居旺入座在流年、流月的命宮及財帛宮的時候，是為旺財的時間。要多把握賺錢的機會，在這段時間內，賺錢的機會多，賺錢進財較容易。

其他像是『紫微』、『太陽』、『天梁』、『天同』、『天相』等吉星居旺的時候，你的財運順利，手邊寬裕，絲毫不會有半點的金錢困擾。

只有在財星陷落，或『因財被劫』、吉星居陷不能為福的時候，財務的危機才會顯現出來。

下面就是各星曜在『金錢運』上所代表的意義，你若能掌握吉星在旺位時所帶來的好運，『能攻』！在陷位弱運時『能守』！你就是掌握了『金錢運』的成功法則了！

『紫微星』在財帛宮

當『紫微星』出現在任何一宮，都表示萬事吉利的，因為『紫微星』沒有陷落的時候，故到處為福為貴。

『紫微星』出現在命盤(正盤)中的財帛宮時，表示你一生的財運都很好，根本沒有金錢上的煩惱。

『紫微星』出現在流年財帛宮、流月財帛宮時，表示你該年或該月的金錢運很好。在該年和該月不會有錢財煩惱，進財順利，沒有破耗。處理財務很得體，會有讓人敬重的一面。

『紫微、天府』在財帛宮

當『紫微、天府』二星一同入坐命盤中的財帛宮時，表示財運通順，財多富足，但個性保守，有些守財奴的趨勢。比較不喜歡投資任何產業，只會放在銀行裡生利息。

當『紫府雙星』出現在流年財帛宮與流月財帛宮時，當年及當月，你是很富裕的。而且有一筆不小的錢財儲存起來，正逍遙自在的生活著，享受富足的快樂。

『紫微、貪狼』在財帛宮

『紫微、貪狼』同坐命盤中的財帛宮時，表示你的家財很多，不必為錢財煩惱，只要守著家財，生活無虞。中年以後會愈積愈多。若是有火星同宮，或在福德宮對照的話，還有意外『偏財運』的爆發旺運。錢財會像洪水一般的湧入，讓你開心得夜裡睡不著。但是若不好好規劃，錢潮也會很快退去，這是『暴起暴落』的命理使然。

當『紫貪』出現在流年財帛宮、流月財帛宮時，表示你的『金錢運』非常好，若再有火鈴同宮或相照，在該年、該月就是爆發『偏財運』的時刻，此時就是到達旺運的最高點了。

『紫微、天相』在財帛宮

當『紫微、天相』同坐命盤中的財帛宮時，表示你的財產積蓄很多，財產不斷的漸漸增長中，而且有一部份或全部的錢財是由名聲大噪而得到的。

『紫相』出現在流年財帛宮、流月財帛宮的時候，是年是月的財運亨通，名利雙收，且有積蓄較多的錢財，生活上出現平順安逸的局面。

『紫微、七殺』在財帛宮

『紫微、七殺』入座命盤中的財帛宮時，表示你的財產是在努力辛苦中獲得很多。也會有意外橫發的機會，這機會是一種機緣，在因緣際會中，讓你獲得打拼的機會而爆發了。

當『紫殺』二星出現在流年財帛宮、流月財帛宮時，就表示你將獲得打拼的機會了，爆發的機會也來了，該年、該月你不但財運亨通，你也積極努力。但是要看清楚方向喲！不要瞎忙了半天，收獲不多。倘若你努力對了方向，將會獲得很大的財富，就算是接下來的年份、月份是弱運的時間，因為有先前的積蓄，你也不會過得太差。

『紫微、破軍』在財帛宮

『紫微、破軍』同坐命盤中的財帛宮的時候，表示手邊流動的財不少，但是花錢的習慣卻太海派了。由其是在年青的時候是非常浪費的，到了中、晚年有了體認，又瞭解了賺錢的方法，這時才真正是財源滾滾而來了。

『紫破』出現在流年財帛宮或流月財帛宮時，代表著你的手邊正寬裕，而且常有衝動的個性去賺錢或去花錢。因此在這段時間內，你是賺得痛快也花得痛快！倘若你下一個流年、流月是弱運運程的時候，此刻的痛快，正是那時的悔恨。若你的下一個流年、流月的運程也是旺運的時候，你仍是不知痛癢的過去了。

『紫微、左右、昌曲』在財帛宮

當『紫微』與『左輔』、『右弼』、『文昌』、『文曲』同坐命盤中之財帛宮的時候，表示你的『金錢運』一切很好。有許多貴人幫助你賺錢，你也精明幹練的來管理財務。

當『左輔』、『右弼』、『文昌』、『文曲』與『紫微星』一同出現在流年財帛宮、流月財帛宮的時候，表示該年、該月你的『金錢運』非常好，進財順利，有貴人助你賺錢，你也把財務管理的很好。

▼天天『強運』一番

『紫微、擎羊、陀羅』在財帛宮

『紫微』、『擎羊』或是『紫微』、『陀羅』，或是『紫微』加『羊、陀』同在命盤中的財帛宮時，『金錢運』是時好時壞的，沒有辦法保持穩定的局面。常常為了保持面子問題花費很多，有時甚至要維持場面上的需求，而借貸很多，實在是入不敷出的。

當『紫微』與『羊、陀』出現在流年財帛宮與流月財帛宮時，情形也是一樣。表面上看似華麗、進財，實則浪費很多。所花費的錢財也多半是虛張聲勢的面子問題。因此你若想真正擁有足夠的金錢實力，不僅需要在這個流年、流月中節制，而且要在下一個財星居旺入座的流年、流月中把握進財的機會。

『紫微、火星、鈴星』在財帛宮

『紫微』、『火星』或是『紫微』、『鈴星』同在命盤中的財帛宮出現時，表示你的財富會有快速的暴起暴落的現象。你會具有爆發『偏財運』的機會，但也會因為不能完全掌握管理金錢，而讓財富迅速的流失，這是非常可惜的！

當『紫微』與『火星、鈴星』出現在流年財帛宮、流月財帛宮之時，表示該年、該月會有『偏財運』爆發的機會。你該小心的注意守候它。一旦爆發財運之後，要把錢財迅速轉往可信賴的家人或友人名下，以防『暴起暴落』的發生。

『紫微、地劫、天空』在財帛宮

『紫微』、『地劫』、『天空』同在命盤中的財帛宮時，你的財運表面上看起來很好，實際上是左手進右手出，永遠沒有存留的錢財，也沒有積蓄。這樣是很危險的，若下一個流年或流月是弱運的運程，你就馬上會捉襟見肘，無法應付了。

當『紫微』與『地劫、天空』出現在流年財帛宮或流月財帛宮的時候，表示該年、該月錢財是會進來，但隨即迅速流失，花費掉了，沒有剩餘可存的錢財。你也會清高或自以為高尚而不想賺錢。

有人問我：『偏財運』爆發時的金錢，若買房地產，是否可防止『暴起暴落』的發生？

我的答覆是：首先要看你自己的田宅宮好不好？否則，結果還是一樣的，當『暴起暴落』發生時，房地產一樣的被賣掉，一棟也不剩。

這時你必須找到一個能信賴的家人或朋友，而他的田宅宮又好的話，將房地產寄在他名下，可得以保全。

『天府星』在財帛宮

『天府星』也是沒有陷落的時候，因此也到處為福。

『天府星』出現在命盤中的財帛宮時，表示你一生富有，不但沒有金錢煩惱，而且日進斗金。但是『天府星』有一些愛斤斤計較的習性，也因為如此，凡是『天府星』入座在財帛宮的人，他們是從不吃虧、又很會賺錢的。

『天府星』出現在流年財帛宮與流月財帛宮的時候，代表著你當年或當月非常富裕，管理財務也會滴水不漏的非常有條理。

『武曲、天府』在財帛宮

『武曲、天府』雙星同坐在命盤中的財帛宮時，因為兩星都是財星，『武曲』是正財星，『天府』是財庫星，因此一生富足，這是最富有的『金錢運』了！

當『武曲、天府』出現在流年財帛宮、流月財帛宮時，該年、該月財星入庫，不但錢財大筆大筆的滾滾而來，且積蓄龐大。

『廉貞、天府』在財帛宮

當『天府、廉貞』雙星一同坐在命盤中的財帛宮的時候，你有不錯的『金錢運』。財富是有計劃的從事某種職業或商業，運用頭腦的智慧而賺取的。『廉府』坐財帛宮的特別處，是財富必定要經過智慧上的謀定，勞心勞力而獲得。

『廉府』雙星出現在流年財帛宮、流月財帛宮時，代表你勞心勞力的結果，賺取了大量的金錢。而且積蓄留存了很多的財富。『廉貞』若是居平陷的話，勞心勞力的程度更深。

『天府、左輔、右弼』在財帛宮

『天府』與『左輔』、『右弼』一同坐在命盤中的財帛宮時，表示你一生富裕，且有貴人幫忙賺錢，日進斗金都存在財庫中了。

當『天府』與『左輔』、『右弼』出現在流年財帛宮或流月財帛宮的時候，代表該年、該月財多用不完，且有貴人幫你賺錢。此時，你是個保守且斤斤計較、毫不浪費的人。

『天府、昌、曲、魁、鉞』在財帛宮

當『天府』與『文昌』、『文曲』或『天魁』、『天鉞』同坐在命盤中的財帛宮時，代表了你一生富裕，年老時更是億萬富翁。可是精明太過，非常會算計錢財，接近守財奴的趨勢，沒有人情味。

當『天府』與『昌、曲、魁、鉞』出現在流年財帛宮，或是流月財帛宮時，財富積蓄多，在精明的算計之下，進財更多。

『天府、擎羊、陀羅』在財帛宮

『天府』與『擎羊』、『陀羅』同坐命盤中的財帛宮時，你一生的『金錢運』起起伏伏，『因財被劫』，破耗很多。有時非常富有，有時又花費很多，不能穩定，要看流年、流月的財運才能定奪。

當『天府』與『羊、陀』出現在流年財帛宮與流月財帛宮時，錢財起初不少，但日漸流失，花錢的事情很多，財富不能長存。

『天府、火星、鈴星』在財帛宮

當『天府』與『火星』、『鈴星』同坐命盤中的財帛宮時，只會減低財庫星的力量，形成一種耗財、敗財的狀況，這也是『因財被劫』的方式，讓你的財務很不穩定，『金錢運』可說是不太好了。

當『天府』與『火、鈴』一同出現在流年財帛宮、流月財帛宮時，該年、該月的財富不穩定，錢財左手進右手出，沒法子留得下來。

『天機星』在財帛宮

當『天機星居旺』入坐在命盤中的財帛宮時，你會白手起家，在不斷的起起落落中，愈來愈好的往上爬，雖然勞心勞力變化多端，但你的『金錢運』仍不算是好的，只能說是平順而已。

當『天機星落陷』入坐在命盤中的財帛宮的時候，進財困難，沒有得到金錢佳運的機會，生活也較困苦。

當『天機星居旺』出現在流年財帛宮、流月財帛宮的時候，代表著該年、該月你會得到一個好機會，會讓你賺到錢。

當『天機星落陷』出現在流年財帛宮或流月財帛宮時，表示你將在該年、該月財運不佳，沒有錢財可進帳或是財運困難。要小心支票跳票，及生活拮据等問題。

『天機、太陰』在財帛宮

當『天機、太陰』雙星同坐在命盤中的財帛宮時，在寅宮較好。在申宮，『太陰』是財星居平陷。兩者都是主白手起家，而申宮的『機陰』同坐，會產生更辛苦勞碌的狀況，所得的錢財也會少一些。

『機陰雙星』出現在流年財帛宮與流月財帛宮的時候，在寅宮代表該年、該月你是小康的局面。在申宮，『金錢運』並不很強，你必須小心計算著錢財過日子，如此才能平順。

『天機、巨門』在財帛宮

當『天機、巨門』雙星同坐命盤中的財帛宮時，因為都是處在廟旺之地，『金錢運』常因運勢的變化而得財，而且在熱鬧的地點，靠口才可賺大錢。

當『天機、巨門』出現在流年財帛宮或流月財帛宮的時候，表示在該年、該月你是喜歡變化多端的生活的，因此能帶給你吉祥的『金錢運』，伶俐的口才更助旺你的『金錢運』。

『天機、天梁』在財帛宮

當『天機、天梁』雙星同坐在命盤中的財帛宮時，代表著你可能經過長期的困苦努力之後，在發明了某種物品，或創造了某些觀念而發了大財，賺進無數的財富。

當『機梁』雙星出現在流年財帛宮、流月財帛宮時，代表了該年、該月你在『金錢運』上還須努力，錢還不甚富裕。所發明創造的東西和思想，可能還未完成，必須要更加努力才行！

『天機、左輔、右弼』在財帛宮

當『天機』、『左輔』、『右弼』一同坐在命盤中的財帛宮的時候，『天機星』若是居旺，『左輔』、『右弼』等貴人星對你有利。貴人會出現，使你在人生的變化中得到吉順的幫助。若『天機陷落』，『左輔』、『右弼』這些貴人星的作用就完全得不到發揮。

當『天機』與『左輔』、『右弼』出現在流年財帛宮、流月財帛宮時，也是一樣的。在該年、該月『天機居旺』時，『左輔』、『右弼』會出現貴人來幫助你。若『天機落陷』，你在落陷的那一年或那一月，『金錢運』會一落千丈，你只有躲在家中挨著沒錢的苦日子，等待這段時日過去。因為天機落陷的日子裡，工作也是不好找的。因為『左輔』、『右弼』是助善也助惡的，因此凡事都辛苦而無所獲！

『天機、文昌、文曲』在財帛宮

當『天機』與『文昌』、『文曲』同坐命盤的財帛宮時，當這些星都在旺位時，你是精明能幹，白手起家的人物，『金錢運』也還順遂。當『天機居陷』，或『昌、曲』居陷時，進財就不是那麼順利了，同時也影響了你對金錢的精明度。

當『天機』、『昌、曲』出現在流年財帛宮、流月財帛宮的時候，該年、該月當『天機、昌、曲』居旺時，進財順利。當『天機星』或『昌、曲』二星任何一方居陷時，辛苦勞碌，所得之財甚少。

『天機、擎羊、陀羅』在財帛宮

當『天機星』與『擎羊』、『陀羅』同坐命盤裡的財帛宮時，勞心費力，凡事多競爭，賺錢不易。事業與財運起起伏伏，就算是各星居旺也好不到那裡去！若各星俱陷落，那可是會很慘的，根本進財困難，自己也無法享受到好運。

當『天機星』與『羊、陀』出現在流年財帛宮、流月財帛宮時，表示該年、該月『金錢運』不穩定，壞的時候多。而且在『擎羊』入坐的流年、流月的日子裡，有血光、車禍等禍事。在『陀羅』入坐的日子裡有耗財、不順等現象。

『太陽星』在財帛宮

當『太陽星』出現在命盤中的財帛宮時，若是居旺位，一生都有非常好的『金錢運』。若是居陷位，則一生勞碌，賺錢辛苦，『金錢運』不佳。

當『太陽星』出現在流年財帛宮或流月財帛宮的時候，居旺位的，在該年、該月有大財可進，『金錢運』特佳，積蓄也很多。若居落陷，則『金錢運』不佳，有錢也暫時進不來，奔波勞碌，運氣晦暗，心情沉悶。

『太陽、太陰』在財帛宮

當『太陽』與『太陰』同坐命盤中的財帛宮的時候，一定是在丑未二宮，雙星中定有一星陷落。若是有『左輔』、『右弼』也同宮的話可以發財。若是只有『日月』同宮，則是一般的財運了。在這之中又因太陽星本身主功名，不主財。因此『日月』在丑宮時，『太陰廟旺』，進財較未宮的財多。

當『日月』雙星出現在流年財帛宮、流月財帛宮時，該年、該月若是運行在丑宮的財運要比未宮的財運好。『日月』在未宮得名聲，丑宮得錢財。

『太陽、巨門』在財帛宮

當『太陽、巨門』同坐命盤中的財帛宮時，因雙星只會在寅、申宮同宮，在寅宮二星都居廟旺的位置，二星的性質是靠口才成名後才能得到財祿，故為晚發的形勢。早年是辛苦勞碌獲財不多，中年以後可大進財，在申宮財運不強。

當『陽巨』雙星出現在流年財帛宮、流月財帛宮時，在寅宮表示在該年、該月你可用口才賺到不少的財富，『金錢運』不錯，是名利雙收的局面。（但此格仍沒有財星在位強）在申宮財運不強有是非口舌。

『太陽、天梁』在財帛宮

當『太陽、天梁』雙星同坐命盤中的財帛宮時，因為這二星是

『陽梁昌祿』格的基礎。二星又都不主財，因此雙星居卯宮是勞心費力的創造良好的官運或名聲後，才能得到較大的財運。中年以後，名望地位讓你的財運滾滾而來，在酉宮，財運不佳。

當『陽梁』雙星出現在流年財帛宮、流月財帛宮時，在卯宮，該年、該月你升官、升學的機會很大，『金錢運』倒是普通。若你是公務員的話，有『陽梁同宮』當值，『金錢運』很穩定。若你是經商，二星只能幫你做事順利，『金錢運』卻不是很強的。在酉宮，該年、該月財運不甚好。

『太陽、左輔、右弼』在財帛宮

當『太陽』與『左輔』、『右弼』同坐在命盤中的財帛宮裡時，『太陽星』若是居旺，進財順利旺盛，『金錢運』極佳。『太陽星』若是陷落，雖有『左輔』、『右弼』的幫忙，財運仍是不佳。

當『太陽』與『左輔』、『右弼』一起出現在流年財帛宮、流月財帛宮時也一樣！『太陽居旺』時進財順利，有貴人相助。『太陽』若居落陷，『金錢運』不甚佳，進財仍困難，做薪水階級會順利。

『太陽、擎羊、陀羅』在財帛宮

當『太陽』、『擎羊』、『陀羅』同坐在命盤中的財帛宮時，表示你經常財進財出，沒有節制，破耗太多，『金錢運』也不好，因此入不敷出。

當『太陽』與『羊、陀』一同出現在流年財帛宮、流月財帛宮時，若『太陽居旺』時，表示你該年、該月稍有財運，但入不敷出，手邊的錢不多，也沒有積蓄。**若『太陽陷落』時更慘，**沒有財運，進財困難，且有血光災禍，讓你焦頭爛額。

天天『強運』一番

『太陽、火星、鈴星』在財帛宮

當『太陽』與『火星』、『鈴星』同坐在命盤中的財帛宮時，表示你手邊的錢財進出很快，手邊始終沒錢，浪費的習慣更是致命傷！**當『太陽』與『火、鈴』一起出現在流年財帛宮、流月財帛宮時，**表示該年、該月錢財進得不多，本身又很浪費，手邊常拮据。

『太陽、地劫、天空』在財帛宮

當『太陽』與『地劫』、『天空』同坐在命盤中的財帛宮時，表示你一生財來財去，最終也是空空如也。進財的管道雖多，但是左手進右手出，而且浪費太多。**當『太陽』與『空、劫』同坐在流年財帛宮、流月財帛宮時，**表示該年、該月財來財去，『金錢運』不好，總是沒錢。

『太陰星』在財帛宮

當『太陰星』出現在命盤中的財帛宮時，『太陰星』是財星，若居廟旺之地，『金錢運』佳，財多豐足。『太陰』屬於陰財，是一種慢慢增多的現象，利於儲藏，是一種儲蓄的財富。

『太陰』居陷地時，『金錢運』不佳，進財困難，財也留不住。

當『太陰星』出現在流年財帛宮、流月財帛宮時，若居廟旺的位置，表示該年、該月財多富足，且有餘存。若居陷位時，則表示進財困難，且入不敷出。

『天同、太陰星』在財帛宮

當『太陰』與『天同』雙星同坐命盤中的財帛宮時，若在午宮，『天同居陷』，而『太陰居平』，賺錢不積極，進財困難，『金錢運』

不佳。若在子宮，『同陰』二星皆廟旺，『金錢運』不錯。又因『天同』是顆『懶福星』，『同陰』二星又是『機月同梁』格中之二員，故『同陰』的財富多以薪水階級或按時領錢等的方式進帳，不同於別的財星進財的方式。

當『同陰』二星出現在流年財帛宮、流月財帛宮時，若在午宮表示該年、該月心情懶散，進財困難，『金錢運』不佳。若在子宮，則表示該年、該月坐享其成即可安享財富，『金錢運』好。

『太陰、祿存、左輔、右弼』在財帛宮

當這些星居旺出現在命盤中的財帛宮時，表示你的『金錢運』一向很好，且有大富之命。**『太陰居陷』時，**也有一點足夠生活的財。

當這些星出現在流年財帛宮、流月財帛宮時，表示該年、該月你有好的『金錢運』，財多且有積蓄。

『太陰、文昌、文曲』在財帛宮

當『太陰』與『文昌』、『文曲』同坐於命盤中的財帛宮時，若『太陰』、『文昌』、『文曲』皆在旺位，表示你是一個多財且精打細算的人。若『太陰』居陷，則財運不佳。若『昌、曲』居陷，則不太精明。

當『太陰、昌、曲』一同出現在流年財帛宮、流月財帛宮時，太陰居旺，則表示該年、該月『金錢運』佳。『太陰』落陷，該年、該月『金錢運』差，進財困難。

『太陰、擎羊、陀羅』在財帛宮

當『太陰』與『擎羊』、『陀羅』同坐於命盤中的財帛宮時，『太陰星』就算是居旺，也是敗財、耗財多，且有因血光、是非、麻煩所造成的破耗。若『太陰』又居陷地，『金錢運』非但不佳，屋漏又逢連夜雨，血光、是非又纏身，晦氣至極！

當『太陰』與『羊、陀』同時出現在流年財帛宮、流月財帛宮時，如前述所說的，在該年、該月不管有無進財，都要小心血光、敗財、是非等的問題所帶來的災難。

『天同星』在財帛宮

當『天同星』出現在命盤中的財帛宮時，若居廟旺，則表示你的財富會順理成章而來，有長者賜與的，或是平順工作上獲得的，無須你過於辛苦操勞的打拼，就是你想白手成家，也能水到渠成。若『天同』居平陷，則需辛苦打拼，且不聚財，『金錢運』較差了。

當『天同星』出現在流年財帛宮、流月財帛宮時，若居廟旺，表示你該年、該月是很享福的，『金錢運』不錯，不會有財務上的煩惱。

若是『天同』居平陷，則表示該年、該月你會奔波勞碌卻無所獲，很想打拚賺錢，身心卻不一致，『金錢運』也不佳。

『天同、巨門』在財帛宮

當『天同、巨門』二星同坐命盤中的財帛宮時，因二星同宮時，定在丑未二宮，皆是陷落之地，『天同福星』陷落不能為福，『巨門』為暗曜，是非又多，因此『金錢運』差，且多招是非困難。

當『天同、巨門』出現在流年財帛宮、流月財帛宮時，表示該年、該月『金錢運』差，且要小心破財與口舌是非的困擾。

『天同、天梁』在財帛宮

當『天同、天梁』雙星同坐於命盤中的財帛宮時，在寅宮，辛苦打拼，又得長輩貴人的幫助，獲財很多。在申宮，則為人較鬆懈，得不到貴人及長輩之助，是個較懶只知享受的命程。因此『同梁』在寅宮的『金錢運』要比在申宮的『金錢運』好出太多。

當『同梁』二星出現在流年財帛宮或流月財帛宮時，表示該年、該月的財運是：在寅宮『金錢運』極佳。在申宮『金錢運』不佳，且操勞忙碌。

『天同、羊陀、火鈴、劫空』在財帛宮

當『天同』與『擎羊』、『陀羅』、『火星』、『鈴星』、『天空』、『地劫』等星同坐於財帛宮時，一生都是財來財去，留不住財，且靠他人為生，自己也享不到福，操勞一生。

當『天同』與這些『煞星』一同出現在流年財帛宮、流月財帛宮時，表示該年、該月『金錢運』不佳，財來財去總成空，手邊沒有餘錢常鬧窮，且易惹血光、是非等麻煩。

『天相星』在財帛宮

『天相』是一顆福星，有忠實、勤勞、熱心賣力的特性。因此當『天相星』入坐在命盤中的財帛宮時，你的財富豐盛，儘管你已很富有，仍是會孜孜不倦的忙於工作，生活也很規律，所以你的財富愈來愈多。**『天相星』若居陷落的位置，**進財的速度減慢，人更勞碌。

當『天相星』出現在你的流年財帛宮、流月財帛宮時，該年、該月你的手邊富裕，存款不少，你對賺錢的工作也平和持續的在努力著，『金錢運』很旺盛。若『天相』落陷，你的『金錢運』則緩慢而減低。

『武曲、天相』在財帛宮

當『武曲、天相』雙星同坐命盤中的財帛宮時，因『武曲』是正財星，『天相』是福星，這樣的配置是很不錯的。又因武相雙星只會在寅、申二宮相遇。在這二宮裡，『天相』福星是廟旺的位置，『武曲』則是得地的位置，不算頂旺。因此武相同宮，『金錢運』是以平順安享福氣的成份居多。若在命盤中的財帛宮出現時，代表你有固定高薪的職業，進財平順，且過著高水準的生活。

當『武相』雙星出現在流年財帛宮、流月財帛宮時，代表你該年、該月『金錢運』不錯，富裕的你生活得很平順享福。

『天相、羊陀、火鈴、劫空』在財帛宮

當『天相』與『擎羊』、『陀羅』、『火星』、『鈴星』、『地劫』、『天空』等星同宮於命盤中的財帛宮時，表示你的財富雖很穩定，但是時有破耗，讓你傷腦筋，就像是裝錢的袋子，被老鼠咬了破洞一般。儘管如此，你還是兢兢業業的去工作賺錢。**當『天相』陷落時，**破財與災害的程度加深。

當『天相』與這些『煞星』一同出現在流年財帛宮、流月財帛宮時，該年、該月你的『金錢運』是受到傷害、不順利的，並且有羊陀的年份、月份，都要小心血光、敗財所帶來的災害。**有『火、鈴』二星，**要小心意外及病災所帶來的災禍。**有『空、劫』二星，**要小心耗財、被騙或丟錢失財的災害。

『天梁星』在財帛宮

當『天梁星』入坐在命盤中的財帛宮時，『天梁』為貴人星、父母星。一般都有父母蔭，可得長輩賜財。『天梁』若居廟旺，再有『化祿』、『祿存』同宮，則是大富大貴之命了。『金錢運』非常旺盛，且有極高的權勢名聲。

若『天梁』居陷落的位置，則沒有貴人相助，求財限於勞心勞力、辛勤忙碌之中。

當『天梁星』出現在流年財帛宮、流月財帛宮時，若居廟旺，表示該年、該月你有極佳的名聲，錢財因名聲而來。**若居陷落，**表示『金錢運』不佳，奔波勞碌辛苦得財。

『天梁、羊陀、火鈴、劫空』在財帛宮

當『天梁』與『擎羊』、『陀羅』、『火星』、『鈴星』、『地劫』、『天空』等星同宮於命盤中的財帛宮時，『天梁星』若居旺，『金錢運』稍好，但也是辛勤勞苦，耗財較多，存錢不易。『天梁星』本來就不主財，此時又遇煞星，也影響了名聲的獲得，因此進財不多。

若『天梁星』居陷落，會造成生活困苦、辛勞渡日的狀況。

當『天梁星』與這些煞星出現在流年財帛宮、流月財帛宮時，表示該年、該月你要小心血光、災害所帶來的耗財及進財不易的問題。

『天梁、昌曲、魁鉞、左右』在財帛宮

當『天梁星』與『文昌』、『文曲』、『天魁』、『天鉞』、『左輔』、右弼』等吉星同宮於命盤中的財帛宮時，若『天梁』居旺，而『昌、曲』也是居旺的，則表示你的『金錢運』非常好，管理錢財很精明，賺錢及花錢的方式很清高。

若『天梁居陷』，則表示辛勤勞苦又清高的去賺錢，所得的財富不多。

當『天梁』與『昌曲、魁鉞、左右』一同出現在流年財帛宮、流月財帛宮時，若『天梁居旺』，表示該年、該月有貴人助你賺錢，『金錢運』還不錯。

若『天梁居陷』，表示該年、該月『金錢運』不佳，名聲也不好，沒有貴人幫助，勉強糊口渡日。

『武曲星』在財帛宮

當『武曲星』入坐命盤的財帛宮時，『武曲』是正財星，若居廟旺，表示你的『金錢運』非常好，財多富足。若與『化祿』、『祿存』等財星同宮於財帛宮，表示你有億萬的財富。並且會與『貪狼相照』，會有極大之『偏財運』要爆發。

若『武曲』居平為『武殺』、『武破』時，則沒有財運，辛勤勞苦、吝嗇渡日。

當『武曲星』出現在流年財帛宮、流月財帛宮時，若居廟旺之位，表示該年、該月你的錢財豐盛，『金錢運』特佳。若居平位為『武殺』、『武破』，表示你該年、該月『金錢運』不佳，且儉吝成性。

『武曲、貪狼』在財帛宮

當『武曲、貪狼』雙星同坐於命盤中的財帛宮時，表示你的財富中會有爆發『偏財運』得來的錢財。『武貪格』的暴發運以爆發在事業上的機會較多，如此承受好運所帶來的利益較長久。有時也會直接爆發在錢財上，算是最佳的『金錢運』了！

四十歲以後爆發的『偏財運』較能留得住。

『武貪』若遇『羊、陀』同宮或相照為『破格』，但略有小血光見紅，可保『偏財運』的爆發。

當『武貪』雙星同坐流年財帛宮、流月財帛宮時，表示該年、該月你會有爆發『偏財運』的機會，你要小心守候！

『武曲、七殺』在財帛宮

當『武曲、七殺』雙星同坐於命盤中的財帛宮時，表示你很會打拼，白手起家生財。武殺同宮，一定是坐於卯酉二宮，但在此二宮中，『武曲財星』居平陷，財星不旺財不多，再加上財星逢煞，『因財被劫』，只是多了辛勞而已，『金錢運』不算好。所幸對宮的『天府星』是財庫，讓你老年時可享受到你辛苦賺來的錢財。

當『武殺』二星一同出現在流年財帛宮、流月財帛宮時，表示該年、該月你的錢賺得很辛苦，財也不多。雖然如此，你還是停不下來，要努力去打拼著。

『武曲、破軍』在財帛宮

當『武曲、破軍』二星同坐於命盤中的財帛宮時，表示你的財運一直是在東來西去，左手進右手出的狀況，花費很多，無法聚財，這也是因財被劫的關係。

當『武破』二星一同出現在流年財帛宮、流月財帛宮時，表示該年、該月你很會賺錢，但財庫破了個洞，總是沒有留存，無法聚財，因此『金錢運』也不算好了！

『武曲、左輔、右弼』在財帛宮

當『武曲』與『左輔』、『右弼』同坐於命盤中的財帛宮時，表示你有貴人相助得財，財運亨通。

當『武曲』與『左、右』一同出現在流年財帛宮、流月財帛宮時，表示該年、該月你會得到貴人的幫助，生財很多。

『武曲、文昌、文曲』在財帛宮

當『武曲星』與『文昌、文曲』同坐於命盤中的財帛宮時，表示你對生財賺錢的事情非常精明，財運亨通。『武曲』財星若落陷的話，你會成為慳吝的小人。

當『武曲』與『文昌、文曲』同宮於流年財帛宮、流月財帛宮時，若『武曲』居旺，表示該年、該月你的財運亨通，對於金錢也發揮了高度才智。若『武曲』居平陷，則表示你的聰明才智無法幫你生財，你必須勞苦生財。

『武曲、羊陀、化忌』在財帛宮

當『武曲星』與『擎羊』、『陀羅』或『化忌星』同坐於命盤中的財帛宮時，財星與煞星同宮，『因財被劫』，會成為慳吝的小人，對財吝嗇，六親不認，『金錢運』也不好。

當『武曲、擎羊、陀羅、化忌』同宮於流年財帛宮、流月財帛宮時，表示你該年、該月被劫財、耗財纏身，是非、官非多，自己也因為吝嗇的關係，自絕了後路，『金錢運』不好。

『貪狼星』在財帛宮

當『貪狼星』出現在命盤中的財帛宮時，若為入廟，表示你一生有多次機會得到『偏財運』的垂青，成為爆發之人，且賺錢的方式多靠人緣獲得。若『貪狼星』居陷地，則將貧困又不聚財。

當『貪狼星』出現在流年財帛宮、流月財帛宮時，若居旺位，表示該年、該月你會有一筆意外之財。若是正逢『火貪格』、『鈴貪格』上，你在該年、該月會爆發『偏財運』。

若沒有『火、鈴』來同宮或對照，也表示該年、該月你靠著『人緣』會有非常好的『金錢運』。

若『貪狼』居陷地，則該年、該月人緣不佳，『金錢運』不好，有些窮困。

『廉貞、貪狼』在財帛宮

當『廉貞、貪狼』二星同宮在命盤中的財帛宮時，因『廉貪』二星只會在巳、亥二宮同宮，又在此二宮皆居陷落的位置，若再遇『火、鈴』二星，會橫發橫破。

總之，『廉貪』巳亥同宮在財帛宮時，財務不穩定，若無『火、鈴』同宮或相照，更是困苦，人緣也不佳，借錢都沒處借！

當『廉貪』二星出現在流年財帛宮、流月財帛宮時，表示該年、該月你的人緣不佳，『金錢運』很差。

若有『火、鈴』同宮或相照，雖有爆發『偏財運』的機會，因

『火、鈴』在巳亥二宮也居平陷，故所爆發的『偏財運』旺度是極低的，所獲得的金錢也就不會很多了。

『貪狼、火星、鈴星』在財帛宮

當『貪狼星』與『火星』、『鈴星』同時出現在命盤中的財帛宮時，是為『火貪格』、『鈴貪格』，有爆發『偏財運』的機會。但『貪狼星』不發少年，三十歲以後才會橫發錢財。一生的財富，成敗不一，財來財去，暴起暴落的機會很大。

當『貪狼』與『火星』、『鈴星』一同出現在流年財帛宮、流月財帛宮時，表示該年、該月你有『偏財運』的極端旺勢的運氣要爆發！可事先做好迎接旺運的心理準備，好好利用此一強運，創造人生的高潮。

『貪狼、擎羊、陀羅』在財帛宮

當『貪狼星』與『擎羊』、『陀羅』同宮於命盤中的財帛宮時，當『貪狼、羊、陀』居旺，表示你的『金錢運』很旺，雖稍有破耗，但不嚴重。

若『貪狼、羊、陀』皆在陷地，則表示你的『金錢運』很差，且有血光災禍讓你破財。若『貪狼』居旺，『羊、陀』居陷，則表示你的『金錢運』很好，但有血光災禍讓你破財。

當『貪狼』與『羊、陀』一同出現在流年財帛宮、流月財帛宮時，『貪狼』若居旺位，表示該年、該月『金錢運』佳，但有血光、是非纏身。若皆居陷位，表示你該年、該月沒財運，且血光、是非太多，讓你捉襟見肘，異常困苦。

『廉貞星』在財帛宮

當『廉貞星』出現在命盤中的財帛宮時，若居旺位，表示你有精明的計劃能力去賺錢，一切都掌控在你的手中。對於生財的目標，你也積極努力的邁進，『金錢運』平順。

若『廉貞』居陷位，則辛勤勞苦的程度增加，雖然仍是計劃生財的事，但企劃不夠周詳，思想不夠精明，會有事倍功半的效果，『金錢運』不佳。

當『廉貞星』出現在流年財帛宮、流月財帛宮時，若『廉貞』居旺，表示該年、月你很會企劃生財，『金錢運』不錯。**若『廉貞』居陷，**則『金錢運』不佳。

天天『強運』一番

『廉貞、七殺』在財帛宮

當『廉貞、七殺』二星同坐於命盤中的財帛宮時，因『廉殺』二星只會在丑未二宮同宮，此時『廉貞居平』、『七殺居廟旺』，故『廉殺』同宮時的賺錢方式，是以身體力行，勞力的付出較多，腦力的企劃較少的一種模式在賺錢。『七殺星』也是財星，要去拼命賺才有的財，故『金錢運』不太好。

當『廉貞、七殺』一同出現在流年財帛宮、流月財帛宮時，表示該年、該月你非常忙碌、打拼的去賺錢。要到熱鬧的地點，費力的賺，『金錢運』就會很不太好。

『廉貞、破軍』在財帛宮

當『廉貞、破軍』同坐於命盤中的財帛宮時，因二星必在卯酉二宮同宮，此時雙星皆居平陷，故一生勞碌生財，破耗太多，對錢財也不精明，『金錢運』不佳，老年時才會好。

當『廉貞、破軍』出現在流年財帛宮、流月財帛宮時，表示你該年、該月非常勞碌，很忙但破耗多，『金錢運』不太好。

『廉貞、擎羊、陀羅』在財帛宮

當『廉貞』與『擎羊』、『陀羅』同坐於命盤中的財帛宮時，表示你很辛苦忙碌的去賺錢。『廉貞』居旺時賺得稍多。『廉貞』陷落時賺不到錢。但都是帶有嚴重的血光（車禍）、是非等災禍相隨。若再加『火、鈴』，有火災喪生的危險。若有『七殺』同宮或相照，路上埋屍，性命堪憂。**當『廉貞』與『羊、陀』一同坐在流年財帛宮、流月財帛宮時，**表示你該年、該月『金錢運』不佳。且有血光災禍讓你性命堪憂，金錢不順在此都是小事了。

『廉貞、火星、鈴星』在財帛宮

當『廉貞星』與『火星、鈴星』同坐於命盤中的財帛宮時，表示你的『金錢運』不算很好，已在中等以下了。且常有突發事件讓你破財。

當『廉貞』與『火、鈴』同坐於流年財帛宮、流月財帛宮時，表示該年、該月你的『金錢運』不順。且有火災發生，讓你受傷！若加『羊、陀』，有因火災喪生的可能。

『廉貞、天空、地劫』在財帛宮

當『廉貞』與『地劫』、『天空』同坐於命盤中的財帛宮時，財來財去，『金錢運』不佳，且常在官府惹官司破財。

當『廉貞』與『地劫』、『天空』一同出現在流年財帛宮、流月

財帛宮時，表示該年、該月『金錢運』不佳。且惹官非，要破財消災。因此你要及早預防！

『巨門星』在財帛宮

當『巨門星』出現在命盤中的財帛宮時，若居廟旺，可白手起家，利用口才在鬧地生財。因此適合作超級推銷員或民意代表之類的人物。但『金錢運』是起伏不穩定的局面。高的時候很高，低的時候很低。

『巨門星』若居陷落的位置，『金錢運』不佳，且有金錢的是非纏繞。

當『巨門星』出現在流年財帛宮、流月財帛宮時，若居旺位，表示你該年該月靠口才獲利不少，『金錢運』不錯。若居陷地，則表示你該年該月『金錢運』很差，且口舌是非纏身。

『巨門、羊陀、火鈴、劫空』在財帛宮

當『巨門星』與『擎羊』、『陀羅』、『火星』、『鈴星』、『地劫』、『天空』等星同坐於命盤中的財帛宮時，因『巨門』為暗曜，多招是非，再遇煞星，刑剋極重，財運也破敗多重，很難彌補。

當『巨門星』與『羊陀、火鈴、劫空』一同出現在流年財帛宮、流月財帛宮時，表示該年、該月破財、官非、口舌上的是非災禍很多。尤其是『巨門』、『擎羊』、『火星』三星同在流年、流月的財帛宮中時，常會因財務問題而自殺，因此不得不防！

『七殺星』在財帛宮

當『七殺星』出現在命盤中的財帛宮時，因『七殺』也是財星，若在子、午、寅、申等宮為廟旺之地，會橫發財富（命盤中會出現『武

貪』、『火貪』、『鈴貪』格）。你賺錢的方式像將軍出戰一般，非常勇猛打拼，必然獲財很多。

『七殺』在巳亥宮落平陷，財星落陷，則會勞心苦志去生財，但效果普通。因會與『紫微』同宮，因此只是一般平順尚可的財運。

當『七殺星』出現在流年財帛宮、流月財帛宮時，表示該年該月你會很忙碌拼命去賺錢。若『七殺』居旺，你的『金錢運』不錯，只要努力都賺得到。若『七殺』居平，『金錢運』稍差，辛勤努力是平順中稍多一點罷了。

『七殺、羊陀、火鈴』在財帛宮

當『七殺』與『擎羊』、『陀羅』、『火星』、『鈴星』同坐於命盤中的財帛宮時，表示你的財運波折很多，進財困難，『金錢運』是十分不好的。

當『七殺』與『羊陀、火鈴』一同出現在流年財帛宮、流月財帛宮時，則表示該年、該月財運困難，且有血光、傷殘、疾病等災害。若『七殺、擎羊』再遇『廉貞』在大運、流年、流月三重相逢之時，路上埋屍，有性命之憂。

『七殺、天空、地劫』在財帛宮

當『七殺』與『地劫』、『天空』一同出現在命盤中的財帛宮時，表示你一生的財運都很困難，進財不順，在窮困中渡日。

當『七殺』與『劫、空』一起出現在流年財帛宮、流月財帛宮時，表示你該年、該月真是囊空如洗，家無餘糧，雖拼命的努力也只是在困窘中打轉。等過了這個月或這個年，可能情況就會好轉。

『破軍星』在財帛宮

當『破軍星』入坐在命盤中的財帛宮時，若在旺地子午宮，財源豐富，金銀可聚，且你是個非常積極打拼賺錢的創業家。雖有些浪費耗財的情形，但也輕易的能應付了。**若『破軍星』居陷地，**則耗敗錢財，也不能聚財！賺錢的方式也是不務正業的一種。

當『破軍星』出現在流年財帛宮、流月財帛宮裡時，若居旺，表示該年、該月你很衝動的愛打拼賺錢。『金錢運』不錯，但花費也不少。若居陷地，則進財困難，耗費又多，時常處在困苦之中。

『破軍、羊陀、火鈴』在財帛宮

當『破軍星』與『擎羊』、『陀羅』、『火星』、『鈴星』等星

同宮於命盤中的財帛宮時，若各星居旺稍好一點。但也要小心血光、是非、破耗錢財的事。若各星居陷，各種災害較重，會有性命之憂。

當『破軍』與『羊陀、火鈴』一同出現在流年財帛宮、流月財帛宮時，表示你該年、該月會因血光、是非而破財、傷殘或喪生，因此非得小心不可！

『破軍、地劫、天空』在財帛宮

當『破軍』與『地劫』、『天空』同坐於命盤中的財帛宮時，財來財去。若『破軍』居廟旺，破財耗財的速度慢一點。若『破軍』陷落，破財耗財的速度很快的讓你一貧如洗。

當『破軍星』出現在流年財帛宮、流月財帛宮時，表示該年、該月你的錢財一直在耗損當中。雖努力衝刺打拼，仍是花的比賺得多。

『文昌星』在財帛宮

當『文昌星』獨坐命盤中的財帛宮時，若居廟旺，對錢財非常精明，一生富裕，財氣亨通，『金錢運』非常好。**若居陷地，**則破耗多，對錢不夠精明。

當『文昌星』獨坐流年財帛宮、流月財帛宮時，若居廟旺，表示該年、該月你的『金錢運』非常好。**若居陷地，**『金錢運』差。

『文昌、巨門』在財帛宮

當『文昌星』與『巨門』同宮於命盤中居旺時，能替你帶來富足的錢財，但是在辰戌丑未宮『巨門居陷』，是非麻煩較多、錢財不順。

當『文昌星』與『巨門星』一同居旺出現在流年財帛宮、流月財帛宮時，表示你進財順利，『金錢運』不錯。

『文昌、羊陀、火鈴、劫空、化忌』在財帛宮

當『文昌』與『擎羊』、『陀羅』、『火星』、『鈴星』、『地劫』、『天空』、『化忌』等星同宮於命盤中的財帛宮時，表示你一生的財運成敗起伏不定，且不聚財。『金錢運』不好，為一寒儒之流。

當『文昌』與『羊陀、火鈴、劫空、化忌』等星一同出現在流年財帛宮、流月財帛宮時，『金錢運』不好，血光、是非、耗財之事層出不窮。

『文曲星』在財帛宮

當『文曲星』獨坐命盤中的財帛宮時，若居廟旺，一生富足多金，且得貴人相助生財。**若居陷地，**只是靠口才騙吃騙喝之徒。

當『文曲星』單獨進入流年財帛宮、流月財帛宮時，若居旺位，

表示該年、該月『金錢運』極佳。**若居陷地，**『金錢運』不佳，且窮困。

『文曲、羊陀、火鈴、劫空、化忌』在財帛宮

當『文曲星』與『擎羊』、『陀羅』、『火星』、『鈴星』、『地劫』、『天空』、『化忌』一同出現在命盤中的財帛宮時，若『文曲』居旺時好一點。若『文曲』居陷地，破敗、血光、是非麻煩等災害非常嚴重。

當『文曲』與『羊陀、火鈴、劫空、化忌』等星出現在流年財帛宮、流月財帛宮時，表示你的『金錢運』不好，且有血光、是非、破耗錢財的事情發生。

『左輔、右弼』在財帛宮

當『左輔星』或『右弼星』單獨出現在命盤中的財帛宮裡時，表示你一生的財富很多，且可得到貴人的幫助而得錢財。

當『左輔星』或『右弼星』單獨出現在流年財帛宮、流月財帛宮時，表示該年、該月你的錢財富裕，且能得『貴人財』。

『天魁、天鉞』在財帛宮

當『天魁星』或『天鉞星』單獨出現在命盤中的財帛宮裡時，表示你一生清高中生財（作老師或寫作、繪畫之類），一生富裕過活。

當『天魁星』、『天鉞星』單獨出現在流年財帛宮、流月財帛宮裡時，表示你該年、該月錢財通順，『金錢運』不錯。

『化祿、化權、化科』在財帛宮

當『化祿星』、『化權星』、『化科星』進入命盤中的財帛宮時，要看這些星所依附的主星是什麼?若是財星居旺地，進財就多，『金錢運』就非常好，若是像『天機』、『太陽』、『天梁』這些不主財的星，『金錢運』就較弱。若主星陷落，財就更少了。若是『破軍化祿』雖在旺位，依然有破財的癥兆。

當『化祿』、『化權』、『化科』出現在流年財帛宮、流月財帛宮時，有『化祿星』，表示該年、該月大進財。

有『化權星』，表示該年、該月能掌握賺錢的主導權，也能進財。

有『化科星』，表示該年、該月你很有辦事的頭腦與方法，也能大進財。

『化忌星』在財帛宮

當『化忌星』進入命盤中的財帛宮時，總是帶來金錢不順，耗財、是非、官非等，讓你不勝心煩。

當『化忌星』出現在流年財帛宮、流月財帛宮時，表示你在該年、該月會有金錢上的麻煩，要小心防範才好！

『祿存星』在財帛宮

當『祿存星』單獨進入命盤中的財帛宮時，一生富足有積蓄，生活舒適。但『祿存星』為『小氣財神』，故有此星獨守財帛宮者，多對錢財慳吝小氣。

當『祿存星』單獨出現在流年財帛宮、流月財帛宮時，表示你該年、該月『金錢運』大好，且有守財奴的個性。

『擎羊、陀羅』在財帛宮

當『擎羊星』、『陀羅星』單獨出現在命盤中的財帛宮時，若居廟地，表示你在熱鬧的地點賺錢生財，可賺得很多，並且你從事的行業定是競爭激烈的行業。若居陷地，則勞心苦志賺不到錢，且是非、麻煩、血光很多，更別說聚財存留了。

當『擎羊』、『陀羅』單獨出現在流年財帛宮、流月財帛宮裡時，若居廟地，表示該年、該月你會積極的參加競爭的行列去賺錢，得財很多。若居陷地，貧困度日不聚財。

『火星、鈴星』在財帛宮

當『火星』、『鈴星』單獨出現在命盤中的財帛宮時，若居廟旺，表示你一生的財富會由爆發『偏財運』而得來，但是橫發橫破，暴起暴落，造成你一生的財富都不很穩定。若居陷地，則在辛勞困苦中生財。

當『火星』、『鈴星』單獨出現在流年財帛宮、流月財帛宮裡時，若居廟旺，表示該年、該月你會爆發『偏財運』，橫發財富。若居陷地，金錢運很差，破耗又多要小心！

『天姚星』在財帛宮

當『天姚』進入命盤中的財帛宮時，表示你的財富很多，但忌酒色傷財、敗財。

當『天姚』出現在流年財帛宮、流月財帛宮裡時，表示你的『金錢運』很好，會大進財。但酒色傷財要小心。

第二節　『戀愛運』的『強運』時間法則

在人生裡，『小登科』是人類最幸福的時候了。結婚的喜慶之事，又是人生中的一個分類點。表示你已從未成年人進入成年人的境界，也將負起人類傳統的責任。這是一個多麼可喜可賀的事情呢？！

人在年青的時候，常常以『愛情』為重，往往又分不出是否是真愛？不顧一切盲目的奔向婚姻之途，這就是埋下日後愛情失色，婚姻不美滿的地雷。

有一個長得十分柔美『太陰坐命』的女孩，最近十分苦惱的要我幫她看看運程，因為她不知道要不要結婚。當然我已十分明白在她的心中已有了決定。

『**太陰坐命』的人，很容易動情。**她們的外表柔美很吸引異性的關注，是最好的情人。但是也常常失戀，感情波折特別多，她們會一生都在愛情裡打滾也無怨無悔。

這個女孩在經過多次戀愛不順利之後，她的感情急需找一個避風港。而且在此時，她會不顧家人反對的去結婚。

我常對年輕的朋友們說：不管是談戀愛也好，結婚也好，都要選在『強運』的時候去談去結。

人在『強運』的時候，心情開朗，平易近人，人緣、桃花都是屬於正面的。所遇到的對象較會遇到正派的人，各方面的條件也會比較好。

基於『強運』的人會吸引『強運』的人，『強運』的人也會吸引弱運的人。當你處於『強運』時，比較有『明辨』的能力，對於自己的喜好較能清楚掌握。對於自己不是很喜歡的人，會很有辦法的加以拒絕。

弱運時的邪桃花

但是處在弱運時，因為人緣不是很好（這點有時連你自己都不能分辨），桃花往往會流於邪桃花。對於自己不是很喜歡的人，也勉強的接受了，以至於引起以後的紛爭。

有些女孩在弱運時，做了別人的情婦、小老婆，或是大哥級的小老婆，或是發生不正常的婚外情之類的。為什麼她們甘心如此呢？實在是衰弱的運勢裡，她們無法用清晰的頭腦作出正確的選擇之故。

邪桃花往往因為流年、流月的運程逢到而使然，等到流年、流月的時間過了，這段姻緣也就煙消雲散了。所以這種情況也可稱為『露水姻緣』。

因此也有些男女朋友在弱運時愛在一起，像溺水的人彼此緊拉在一起求救，到『強運』時就各自分開，因為大家都已看清楚自己的方向了。有句話說：『因誤會而結合，因瞭解而分開。』正是這種狀況的寫照了。

有一位與老闆相戀多年的女秘書來找我，說她心中很苦，實在不願意做別人家庭的第三者，不知該怎麼辦？因為這位老闆的生意不怎麼樣！都要靠她張羅拉拔，倘若她走了，老闆說他要自殺。她實在不忍心丟下他不管。

聽到這樣的故事，你會怎麼辦呢？

我給她的建議是這樣的：

我說：『事實上你今天會來找我，我相信你已經有了答案！倘若你沒有答案，你是不會來的。今天你只不過來找我印證一下你的想法罷了！』

她紅著臉點頭稱是。

我說：『那就照你心裡的意思去做好了！妳可以放心！那個男人是絕不會自殺的。現在你有了明確的決定，就表示你已走入『強運期』了，思想也清明了，態度要明確一點才行！你的人緣桃花很多、很好，正正當當結婚的機會很多，不要再浪費時間在不能見光的事情上。』

她說：『真的嗎？我前兩年真的過得很不好，家裡的人因為我和這個男人的關係，已經不理睬我了！朋友們也跟我保持距離，好像我會搶她們的丈夫似的，真氣死我了！』

我說：『現在你是一個新的開始了！從新開始，這些親人和朋友都會回來關心妳的。妳一定要好好的做給他們看！表示妳是一個有骨氣的人，與這段孽緣一刀兩斷！』

『可是我還有一百多萬在他公司裡，要是我與他斷了，錢豈不是泡湯了？』

『唉！妳真是個傻妞呀！那些錢妳以為還要得回來嗎？妳再與他耗個十年，只怕愈陷愈深，愈耗愈多，一輩子都賠進去了！錢是身外之物，只要人活著活得好，多少錢都賺得回來！要斷！就要捨！捨不得這個，捨不得那個，是斷不了的。想想妳的人生中還有幾個三年、五年的時間可以如此揮豁浪費掉的？今年妳已三十多了吧？』

『三十三歲了！』

『就是呀！趕快重新開始！遇見一個好條件的男人結婚，生兩個漂亮可愛的小孩，享受一下真正幸福的人生還來得及！再拖下去，人生實在沒有希望囉！』

她沉吟半响，猛點頭，隨即告辭。後來聽說她回去之後馬上搬了家。

今年年初她帶朋友來見我，遞給我一張喜帖。和她一起來的朋友就是她未來的先生，文雅溫厚，真是一對璧人。

選擇強運時結婚

最後給即將結婚，或正在熱戀的男女朋友們一句忠告：你想結婚了嗎？先看看你自己的紫微命盤中的流年、流月裡，是不是正處在『強運期』？對方是不是也一樣的處在『強運期』？倘若都是的話！恭喜你們！趕快結婚吧！

倘若不是呢？或是一個是一個不是呢？最好再稍為等待一下。有緣的話，彼此都會等待對方。無緣的話，露水姻緣也會早日了結，你就可以再去尋找一段新的『強運』的感情了，不必日後受苦，以後你會很慶幸自己有這麼明智的決定的。

第三節 『求勝運氣』的『強運』時間法則

要掌握每一個人『人生變動』的『強運』，當然首先要知道人生會在何時變動？大致會有什麼樣的變動？這個變動對自己是有利的？還是不吉的？要怎樣去把握？還是要怎樣去躲避？

有了這些問題之後，我們先來看看第一個問題。

人生何時會有變動

人生的運程在大運、流年、流月經過『殺、破、狼』格局時，會產生很大的變動，其次在大運流年、流月中有『天機星』的時候，也會發生變動。

星，在命盤中是鼎足三立的姿態，在三合的地帶佇立著。

『殺、破、狼』格局，包括『七殺』、『破軍』、『貪狼』三顆

『七殺』的運程

當你的運程，不管是大運還是流年、流月，進入『七殺』這顆星所在的宮中時，你會非常忙碌，急於打拚，想得到一切（包括了金錢、官聲、愛情）。

當『七殺星』居旺時，你是個勇猛的將軍。奮力衝殺的結果，當然戰功彪炳。

雖然『七殺星』也是財星，努力打拼的結果，一定會得到財富。

但是『七殺』入主的大運流年、流月卻有一絲隱憂存在。那就是：

天天『強運』一番

一、『七殺』在辰、戌宮獨坐居旺時。對宮是『廉府』，乙、丙、辛、壬年生的人，會有『擎羊』、『陀羅』、『化忌』進入辰、戌宮，而形成『廉殺羊』、『廉殺陀』、『羊陀忌』的格局生命堪憂、與重度血光的問題。

二、『廉貞』、『七殺』在丑未同宮。『廉貞居平』，『七殺居旺』，在大運及流年、流月裡，衝刺打拚時，只是體力的極度消耗，較沒有計劃，沒有方向，成果不會很好。大運、流年、流月三運重合時要小心『廉殺羊』、『廉殺陀』的災禍。

三、『武殺』在卯、酉宮同宮。若大運、流年、流月逢到。因為『七殺』雖居旺，但『武曲』財星落平陷。『因財被劫』的關係，雖很努力的去賺，但財不多，此人且會有『為富不仁』的行為出現。

四、『紫殺』在巳亥宮同宮時，『七殺』為居平陷之位。但有『紫微』的坐鎮，『七殺』倒是無法發揮凶性，且有對宮『天府』這顆財庫星相照，成為努力打拚之後，獲得財富平順的吉運。

五、『七殺』有在子、午宮獨坐居旺。對宮是『武曲、天府』。也就是說『七殺』這個將軍的遷移宮（外面的環境是正財星、財庫星。）將軍去外面征戰，一定可大發其財的。但是，『七殺』和『武府』也是相照的關係，也是『因財被劫』的一種，故也會破財和略有『為富不仁』的狀況發生的。

六、『七殺』在寅、申宮居廟獨坐。對宮是『紫府』。將軍奮力外出征戰，外界的環境又這麼好。這麼吉祥，又這麼多財。故而收獲不少。

破耗、敗財、血光的問題嚴重。

一、『破軍』坐子午宮在大運、流年、流月中出現時，對宮是『廉相』。『廉貞』居平，『天相』居廟，穩定了衝動的『破軍星』，讓它在極力打拚的時候，形成一種投資性的狀況，進財不多，只是平順而已。

二、『破軍星』在丑、未宮出現時，與『紫微』同宮，對宮是『天相星』。這兩顆穩重的星挾制了『破軍』的惡性，使其向善。因此只有忙碌打拚的努力，人事的糾紛是較少的。但是仍然脫離不了破財、血光的問題。

三、『破軍』在寅申宮獨坐時，其旺度剛剛及格，只有得地的級度。對宮是『武曲、天相』雙星。『武相』雖然生財平順、享受富裕，但『破軍』卻能破壞他們的和諧，造成一個『因財被劫』的局面，所幸劫的多半是財而已。血光的災禍較小。

四、『破軍』在辰戌宮獨坐居旺時，對宮是『紫微、天相』。只要沒有『羊、陀、火、鈴』的同宮或對照，在大運或流年、流月逢到時，在外界的情況，是利於打拚的、吉祥的。下一個流年、大運又逢『天同居旺』，就可以輕鬆享福了。

五、『破軍』在巳亥宮，會與『武曲』同宮，這是『紫微在卯』或『紫微在酉』的命盤格式。此時『武破』二星皆居平陷，對宮的『天相』也只是『得地』剛及格而已。當大運及流年、流月逢到這『武破居亥』的時候。『因財被劫』、『因財破耗』，你有些窮困的煩惱，人也比較慳吝，人緣欠佳。**流年、流月在『武破』同宮的年份、月份時，因為拮据，又容易交上壞朋友**（容易受其煽動），倘若真是如此，那就要小心在子年，『太陽陷落』時去蹲土了。

倘若你是甲年生的人，你可以利用『破軍化權』的力量，掌握一切對外事務的主導權，在這一年的流年、流月中，大刀闊斧的幹，你會在名利上，如升官、發財、考試、升學等等，都會有極出色的表現的。

『貪狼』的運程

當你的運程進入『貪狼』這顆星所在的宮中時，『貪狼』是顆多才多藝的星，但是沒有常久性。『貪狼』屬木，對於文藝、學術方面，會產生很大興趣。但因興趣廣泛，又沒有專注性、持久性，總是虎頭蛇尾的東沾一點、西沾一點，或又轉向另外的興趣去了。

戊年生的人有『貪狼化祿』，己年生的人有『貪狼化權』，這都是幫助你，參加升學考試得利，升官發財得利的最優惠的條件了。你可以利用這些優勢，稍加努力，就可使你的一生發生極大的吉祥轉變。

一、『貪狼』居子、午宮時為獨坐居廟旺。若再有『化祿』、『化權』來同宮或相會照，在大運或流年、流月逢到時，對你的一生，會因你的努力而產生影響你終身的美麗轉變。這就是我曾舉例我的女兒，利用這個『貪狼化祿』的流年運程，考上理想的國立大學為最好的例證。

當然『貪狼化祿』、『貪狼化權』更可以升官發財。當『火、鈴』二星來同宮或相會時，就產生爆發『偏財運』的旺運了。**『偏財運』包含了官運和財運**。因此你是要風得風、要雨得雨了。

癸年生的人，會有『貪狼化忌』出現，流年、流月逢之會在身體或臉上留下疤痕。又會有感情上的困擾，似乎不太妙。

但是，『貪狼化忌』若在辰、戌宮出現時，大運、流年、流月逢到，你會有專業的技能，而且大進財富。因為『化忌』的惡性被辰戌宮（天羅地網宮）所限制的緣故導致而成。

二、『貪狼』居丑、未宮時，必與武曲同宮，形成『武貪格』，有爆發『偏財旺運』的機會。我也說過，『武貪』多是發生在事業上面，況且這些星皆居廟旺。爆發之威力可想可知了！

三、『貪狼』在寅、申宮為居平獨坐、對宮的『廉貞星』可是居廟旺的。倘若再有『火、鈴』來會時，也是具有『偏財運』的。在寅宮較強，申宮較弱，故寅宮爆發獲得的錢財較多。但是『暴起暴落』的機會也較大。

四、『貪狼』在卯酉宮、必與『紫微』同宮。『貪狼居平』。因『紫貪』雙星本都也是桃花星，又處在卯酉二宮，『桃花敗地』上，有嚴重的感情困擾的問題出現，因此大運、流年、流月逢到時，要小心！

『紫貪』在卯、酉宮，若有『火、鈴』來會或同宮時，也有爆發『偏財運』機會。但因『紫貪』桃花的影響，常有『桃花敗財』、『桃花聚禍』的情況發生，而影響了所應發生的爆發財運、官運的大好機會。這是萬分可惜的！

五、『貪狼』在辰、戌宮為廟旺獨坐，對宮相照的『武曲』財星也是廟旺的。兩者形成極旺的『武貪格』。這是最好的『偏財運』格式。倘若沒有『羊、陀』來會，那你一生每隔六、七年所爆發的旺運，讓你富可敵國。若有『羊、陀』稍遜，為『破格』，稍有小血光，見紅可保『偏財運』。

※我常建議有『武貪』、『火貪』、『鈴貪』格的人，若又有『羊、陀』破格存在的話，在所逢之流年、流月裡，去穿耳洞或捐血，作為你保住『偏財運』的破解之法。

六、『貪狼』在巳亥宮，必與『廉貞』同宮，雙星皆陷落。這是『貪狼』這顆星最晦暗無用，且造成災害的宮位。

『廉貞』、『貪狼』二星，都屬桃花星。但陷落時，只會造成感情問題的發生，對人緣只有破壞，沒有益處。倘若你的流年、流月，大運行運於此，既沒人緣、又不進財、晦暗至極。我想有一些豬年過得不好的朋友，已經歷了這段苦難的日子，深有同感了吧！

『天機』的運程

『天機』這顆星，本身就屬於『動』感十足的星座，不穩定的浮動性質常讓人不能把握。『天機星』加『化權』，在流年、流月中碰到，尚有領導及主控的掌權機會。但『天機化祿』，就是財來財去，忙了半天，意義不多了。丁年生的人，有『天機化科』，會有美譽文名，又有出風頭的機會，是較為不錯的運勢。

一、**『天機』在子、午宮獨坐居廟旺。**對宮相照的『巨門星』也是居旺的。雖然如此，『巨門星』所帶給『天機星』的是非口舌之災，真是不少。倘若，大運、流年、流月逢之千萬要小心！若有化權、化祿較好。

二、**『天機』在丑、未宮為陷落，對宮有『天梁居旺』相照。**但你的大運、流年、流月在走這個『天機陷落』的運程時，一切都不順利，事業、感情、學業都會落於谷底。等到你落到谷底時，『天梁』這顆貴人星，就發生作用了。它再將你救出『水深火熱』。**因為『天梁』是顆復建的星，**必等你的運氣到達谷底，才會搭救你，給你復建。所以呀！當你逢到這個『天機陷落』的運程時，你要耐心的等待看看，到底何時是谷底？那時就是你旺運起運之時了。

三、『天機』在寅申宮，必與『太陰』同宮。寅宮比申宮好，『太陰』財星在寅宮較旺一點，財多一點。『天機』在此二宮為得地，是一種平順、祥和的狀態，較不會作怪。（若沒有化忌來會得話）。因此流年、流月逢到時，不會有太好的旺運，也沒有倒霉的事情發生。

四、『天機』在卯酉宮，必與『巨門』同宮。在這兩宮，『機巨』都居廟旺。是最有利於你的運勢。倘若你的大運流年、流月逢到，利於讀書研究，教學。但是仍然是是非辛勞不免的。

五、『天機』在辰戌宮，必與『天梁』同宮。在這個格局中，『天機居平』、『天梁居旺』。整個說起來，當你的流年、流月碰到它時，運勢會有不好的狀況發生，但『天梁星』立刻會照顧你解救你，因此在這個運勢裡，你的貴人是不少的。因為『機梁』雙星並不主財，故當你走這個流年、流月的運程時，財運是不太好的。

六、『天機』在巳亥宮居平陷，對宮有『太陰』相照。『天機』在巳宮的較好，因對宮的『太陰』在亥宮廟旺之地，較有財。『天機』若在亥宮，居平陷，對宮的『太陰』居巳宮又落陷，其困窘之況，可見一般了。當流年、流月逢到，惡運連連而來。任何事都不順，豈不很慘！不過在下一個流年、流月逢『紫微』，一切都會轉危為安了。

第四節　『找工作、升職運』的『強運』時間法則

一、『求職』的成功時間法則

每年夏季有許多的畢業生從學校裡結束了學業，投入了社會的職場。當然其中有許多人已具有了工作經驗。他們在就學時，就在校外打工了，這些人對於工作的內容及責任及人際關係，已有了充分的瞭解，因此在日後尋找自己較滿意的工作方面，他們是比較暫有優勢的。

但是有一些乖乖牌的學生，在校時間，只知道埋首功課，等出了社會一片茫然，此時才發覺學校裡的學問和一般公司裡瑣碎的工作，真是風馬牛不相及的了。

目前社會經濟不景氣的狀況持續，許多人賦閒在家，沒有工作。這些社會新鮮人在許多公司的精打細算之下，有沒有辦法找到一個自己覺得滿意的落腳處來平順的工作呢？**以下就是我給各位的一些建議：**

流年、流月

首先你要在些紫微命盤上找出當月的流年、流月來（可參考本書書尾）。看看你當月的流年、流月是否是『強運』，（吉星是否入座）？有的人的流年、流月所坐之星，有吉星，也會配置一、兩顆『羊、陀、火、鈴』等的煞星。那就表示有吉也有一些麻煩，不是全然吉運的了，所以你更要小心謹慎。

倘若你該月是吉星旺運的月份，那就要趕快行動，積極的去找工

作。你所遇見的人會比較溫和，就算你不是他們所需要的人，他們也會向你解釋清楚原因，不會惡臉相向的。很快的，你就會找到一份理想的工作了。

倘若你當月所逢運程的星是『廉殺、廉破、破軍、天同陷落、天梁陷落、羊、陀、火、鈴』等和其他陷落的星曜。我勸你稍為忍耐一下，看看下個月的運程是否會轉好再作打算。因為在弱運的時候，所遇到的人跟事，總是會不順。與其一次次的失敗，折損了你的鬥志，倒不如先修心養性，等待下個月的『強運』到來，再手到擒來一個好的工作機會。在弱運時找工作成功的機率非常低。

有些人說：『不會呀！我覺得別人對我很好，希望我能馬上就去上班呢！』

這時，你更要小心了！因為人在弱運時，思慮是不夠周密的，往往因為你很希望企求這份工作，而看不清背後隱藏的某種陰謀。尤其是在『廉破、廉殺、破軍、天機陷落、巨門陷落、羊、陀、火、鈴』所逢的流年流月裡，人們常常上當、受騙、失財，讓你悔恨不已。尤其現今的社會，歹徒的花樣翻新，讓人防不勝防。因此你一定得選擇好運的時候去求職，才不會讓自己陷於無法預知的災禍裡。

流年、流月的父母宮

在你要去面試之前，我建議你先看之命盤中流年、流月父母宮的星曜。因為父母宮在命相學上，不僅可看出你和父母的關係好壞，也代表了你和長輩（上司）的關係好壞。來面試你的人一定比你的年紀大，而且現有的職位一定比你應徵的職位高，所以他也算是你的長輩級人物了。

當你的父母宮，是『紫微』、『天府』、『天相』、『天同』、『天梁』、『太陽』、『太陰』等星居旺的時候，你會碰到一個好主管，而且他也很喜歡你，求職成功率在百分之八十左右。

倘若你的父母宮裡的星座是『太陽陷落』，那你和男性的主管無緣，你該禱告有一個女性主考官來給你面試，成功率較高。

倘若你的父母宮是『太陰陷落』，表示你和女性無緣，你該禱告有一個男性主管來給你面試吧！

倘若父母宮是『天梁陷落』，你的運氣不太好，因為你會和長輩無緣，可能年紀相近的主考官來給你面試。你的機會較大。

倘若你的父母宮是『武曲』、『貪狼』、『廉貞』、『七殺』等星入座。那表示你所遇到的長輩級的人物，個性較剛直、態度很硬，你若想得到這份工作，你必須謙恭謹慎、慎言慎行、察言觀色才行。

若你的父母宮裡是『擎羊』、『陀羅』、『火星』、『鈴星』等星。啊！你的運氣，真是不好了！你會遇到一個難纏的上司，你還是等下個月再另找一份工作好了，否則你也做不長久的。

化權、化祿、化科的強運

在你的流年、流月所逢之宮裡若有『化權』或『化祿』、『化科』入座的話，例如『貪狼化權』、『紫微化權』、『破軍化權』、『天機化權』之類的星座，表示你可掌握面試當時氣氛的主控權，當時你提出的薪水略為偏高，他們公司也是會考慮接受的。

當『化祿星』入主流年、流月裡時代表一種緣份，也代表進財的機會，但是像『天機化祿』、『破軍化祿』的財就太少了，而且是財來財去。

『化科』進入流年流月裡時，你也是很有機會的。它會使你看起來有氣質，討人喜歡，也會讓人矚目你的才華，故對你是絕對有利的。

流日的強運

你若要知道面試當天的運氣，還可先算出流日出來，（流日算法在本書書尾）流日命宮中是吉星，當日便吉，是日是凶星，當日不順，要小心！看法與前面略似。

流時的『強運』時間，在十二個命盤格式中有述及，請參考。

二、『升官』的成功時間法則

『權、祿、科』的特異功能

在掌握『升官』的成功時間法則裡，除了需要流年、流月有好的旺運之外，我覺得最重要的就是要掌握『權、祿、科』的特性，加以好好的利用。

『權、祿、科』就是『化權』、『化祿』、『化科』三顆化星。其中『化權星』在升官的成功法則上，佔首要的地位，其次是『化祿星』、『化科星』居末。

天天『強運』一番

化權星

『化權星』的出現方式是甲年生的人，有『破軍化權』。乙年生的人有『天梁化權』。丙年生的人有『天機化權』。丁年生的人有天同化權。戊年生的人有『太陰化權』。己年生的人有『貪狼化權』。庚年生的人有『武曲化權』。辛年生的人有『太陽化權』。壬年生的人有『紫微化權』。癸年生的人有『巨門化權』。

這其中只有『天同化權』和『太陰化權』在感覺上不夠強勢以外，其他的『化權』星座，都是極端強勢的。但是『天同化權』有天然形成的力量，如同黃袍加身一般，是不會受到眾人反對的。『太陰化權』則屬於金錢利益的掌握和女性的強力支持，是一種溫和、暗地使力促其成功的力量。

天天『強運』一番

破軍化權

倘若你的流年、流月中有『破軍化權』進入的話，你是會積極爭取升官之位的，而且有無比的膽識、手握主控權，老板幾乎無法抗拒你的懾人力量，因此升官會成功。

天梁化權

當流年、流月有『天梁化權』進入時，表示你的貴人運很強，你的背後有『強有力』長輩型的力量支持者，升官有望。

天機化權

當流年、流月有『天機化權』進入時，表示你的人生將產生變

天天『強運』一番

化。『化權』帶給你主導力量，但『天機』必須廟旺，『化權』才更會有力，升官才會成功。

天同化權

當流年、流月中有『天同化權』進入時，『天同』是一顆『懶福星』，只能享福、坐享其成。『化權』雖讓其有主導權，就要看其用不用了。所以『天同化權』，代表一種從天而降的『強運』，因此你是不會去爭取的，只等著上司對人事擺不平時，搞不好意外的把你升官了！

太陰化權

當流年、流月『太陰化權』進入時；『太陰』代表財星也代表女人。倘若『太陰居旺』的話，你的運氣是很好的，有財進。也會受到女性主管的提拔而升官。倘若你的上司是男性，此『化權』就無效了，只能代表有些財進罷了。

貪狼化權

當『貪狼化權』進入流年、流月中時，『貪狼』是好運星，表示你多才多藝的才華受到上級的重視，肯定會把你升官的。

武曲化權

當流年、流月中有『武曲化權』進入時，『武曲』是財星，也代表政治。雖然『武曲』剛直了一點，但是他的誠信讓人信賴，因此氣勢很強，上級基於人事上的需要，非常欣賞你，升官的機會很大。

天天『強運』一番

太陽化權

當流年、流月中『太陽化權』居旺進入時，你的旺運氣度極有攝人的魅力，你可能自己無法發覺，但旁人或你的上司，他已經感覺到了。你會成為升官的最佳人選，而且上級一定會核准的！你的旺運會給周遭每一個人帶來興奮和臣服。

紫微化權

當流年、流月中有『紫微化權』進入時，真是你極度的大好運了。『紫微』帝座，發揮了統治全局的功能，你的上司也深深被你的氣度所吸引，你是升官的唯一人選了！

巨門化權

當『巨門化權』進入流年、流月時，又是『居旺』的話，力量非常強，表示你可以利用口才來說服你的上司給你升官的機會，而且你所說的話，很有主控權，他會言聽計從的，因此你很快的就會達到願望了。

化祿星

甲年生的人有『廉貞化祿』。乙年生的人有『天機化祿』。丙年生的人有『天同化祿』。丁年生的人有『太陰化祿』。戊年生的人有『貪狼化祿』。己年生的人有『武曲化祿』。庚年生的人有『太陽化祿』。辛年

生的人有『巨門化祿』。壬年生的人有『天梁化祿』。癸年生的人有『破軍化祿』。

『化祿星』代表一種緣份和進財的機會。其中『天機化祿』和『破軍化祿』是有財來財去的流動性質，緣份也因此不深了，在此處是較弱的『強運』了。

廉貞化祿

當『廉貞化祿』進入流年、流月時，你的人緣很旺，而且你是個精於計劃的人，當然對於『升官』的事情，你一定會步步為營的，也會取得最後的勝利。

天機化祿

當『天機化祿』進入流年、流月中時，你的旺運有些隨波逐流的味道。『天機居旺』時，你的人緣很好。也能左右你身旁的人為你進言，但是運氣是多變化的。成功率只有一半。

天同化祿

當『天同化祿』進入流年、流月中時，你的人緣很好，但升官的機會只是『等待』罷了，也許結果還不錯！

太陰化祿

當『太陰化祿』進入流年、流月時，又是『太陰財星』居旺的話，你的人緣、財源都很好。尤其是和女人的緣份更深，好好侍候你的女性主管，她一定會給你升官的！

天天『強運』一番

貪狼化祿

當『貪狼化祿』進入流年、流月時，需居旺位，你的人緣才華才得以發揮，讓人賞識。上司一定會給你這個有才華的人升官的！

武曲化祿

當『武曲化祿』進入流年、流月時，財星『化祿』不同凡響，各方面的機會都很好，升官非你莫屬。

太陽化祿

當『太陽化祿』進入流年、流月時，『太陽』的魅力再加上雙倍的人緣，你是很得眾望的，在眾望所歸之下，升官就在當年、當月！

巨門化祿

當『巨門化祿』進入流年、流月時，你的口才非常好，當月裡又有人緣，所以你可以開始遊說的工作，升官的機會就在此一舉了！

天梁化祿

當『天梁化祿』進入流年、流月中時，你的貴人緣很深，長輩的緣份更深，因此，升官一定有望。

文昌化科

當流年、流月中有『文昌化科』進入時，『文昌星』主科甲，『化科星』也主掌文墨。這兩星相遇最好了！表示你該年、該月，就算是考試升等，你也一定會升官的。

天機化科

當流年、流月中有『天機化科』進入時，『天機』主變動，『化科』主美譽。表示你會有機會升官變動的。若『天機化科』再遇『左、右、魁、鉞』諸星，那就一定是肯定會升官了！

右弼化科

當流年、流月中有『右弼化科』進入時，『右弼』為輔佐之星，喜為人服務，任勞任怨。當你有這個『右弼化科』進入流年、流月時，你是多為人服務不愛競爭的局面。因此，『右弼化科』在升官的運途上不夠強力。也要小心在求學階段逢此運，會重考學校或休學。

天梁化科

當『天梁化科』進入流年、流月中時，『天梁』為長輩愛護照顧之星，化科更增其『貴』的力量，因此在升官之途遇到天梁化科，也肯定會升官的。

天同化科

當『天同化科』進入流年、流月時，你的態度悠閒，並不在乎升官之事，故而旺運不強。倘若沒有競爭者的話，你就會升官了。

文曲化科

當『文曲化科』進入流年、流月時，當『文曲』廟旺，你的文學才藝聲名遠揚，且口才好，很有表現，是一定會升官的。若『文曲』居陷，再遇化科，無力，升官無望。

左輔化科

當『左輔化科』進入流年、流月時，『左輔』為輔佐之星，加『化科』只能增加辦事能力，使你看起來很能幹，在升官之途是不夠強力的，你必須再從各方面多加努力才行。

太陰化科

當『太陰化科』進入流年、流月時，『太陰化科』會讓人轉變成陰柔的氣質，利於讀書研究，在升官上，力量薄弱，但還是有希望。此運很會製造戀愛機會及很會製造氣氛。也很會存錢。

天天『強運』一番

舉例：

鄰居林先生在國營機構上班，亥年年底時，請我為他排（子年）流年運程。

我看過他的命盤之後告訴他：『恭喜你了！年後即有高陞！差不多在農曆三月時會發佈！』

他問：『真的嗎？可是我今年過得很不好！做什麼事都不順，家裡的老婆也很嘮叨，我的母親也對我時有怨言！唉！外面和家裡都是不順！』

『你放心！子年就完全不一樣了，子年是旺運期，且有爆發偏運的機會，**流年命官坐『紫微、祿存』，對宮有『火星、貪狼』相照，**一定會爆發『強運』的，陞官有望，而且會大進錢財！可能年底就有消息！』

他有點不可置信的問：『真會這樣嗎？為什麼這個豬年這麼不好呢？』

我說：『你看你的豬年坐『天機、陀羅』皆居平陷，周圍常起變化，卻又是不好的變化，好像是每況愈下似的。對宮『太陰』雖有化科，但居陷位，進財又很困難。『太陰居陷』時，與家中的女人都處不好，當然會有口角，不順心的事情發生！』

他問：『那我子年時，對宮的『貪狼化忌』，會不會造成不好的影響呢？』

我答：『貪狼在午宮居旺，不畏『化忌』。一些小是非口舌是有的，有『紫微、祿存』二星，穩坐泰山，你可放心。』

林先生很高興的回去了。

在當年國曆十二月時，也就是農曆十一月的時候，公司發佈他成為公司部門的經理級主管。十一月剛好走的是流月運程是丑宮，和三合地帶已、酉二宮的星曜組成『陽梁昌祿』格。可以升官發財的格局。亥年對照的『太陰化科』也給了力量。

新年過後的國曆四月（農曆三月），林先生又再度升任總經理一職，從最先六、七萬元的薪水，一躍至月薪二十萬元，這是不是『強運』帶來的喜事呢？

由這個例子來看，可以確定的是，只要我們會看自己的命盤，會找出我們自己的『強運』時段，知道是那方面的『強運』是財運？官運？還是考試運？知道弱運在何時？是無財可進？是做事不順？還是血光之災或官非？知道了這些，我們還怕不能掌握自己的命運嗎？

第五節 『遷移運』的『強運』時間法則

俗稱常搬家的人為『窩牛族』。並不是這些人喜歡搬家，以搬家為樂趣。以命理學的角度來看，是運程使然。

我們發現『天機星』進入流年命宮、流月命宮時，你生活的環境常有變動，會搬家。『天機星』進入流年田宅宮時，常常會搬家。

既然如此，我就對『窩牛族』的朋友，或是買了新居正要搬進去的朋友做一些建議。

倘若你是『窩牛族』的朋友，你很可能是在走『天機陷落』的流月運程，被房東通知，要收回房子，讓你非常煩惱，也覺得運氣不好。在你覺得運氣不好時，千萬不要賭氣搬家。最好和房東商量寬限在一個月左右的期限再搬。

因為在你運氣不好的時候，你是看不到什麼好房子的，往往在你急就章的結果，搬了進去，覺得不順，或者又遇到壞房東，讓你更是破財、生氣，感覺運氣更壞。

請求寬限一個月的期限，就是會拖到下一個流月了。這個月運氣不好，並不代表下一個月運氣也壞，常常過了幾天，就到了下一個流月（農曆的）。在吉星、財星、居旺的星曜所在的流月裡，你所尋找的房子較會在日後仍讓你繼續滿意。這就是『強運』的時候，你的眼光比較準確的緣故，也會讓你對以後住的需要設想的比較周到。

搬家的旺運時間

決定搬家之後，當然我們要決定遷居的日子，普通我們都是從黃曆（農民曆）上來選擇入宅的吉日。

在入宅之前，有一些拜『地基祖』的儀式，或要淨屋的手續你可事先選吉日去做。

選擇入宅的吉日

雖然是從農民曆上取得，最好多選幾個。再與你自己或是你家中的戶長的『強運』流日相合的日子來核對。若剛好有相合的，這一天最好最吉利了。不然就要繼續重選，直到選到為止。

倘若你更講究，那更要從本書上一章中找出自己或一家之主的

『強運』，時辰來入宅，如此更是萬無一失了。

選擇旺運的時間，流年、流月、流日、流時，去看屋、買房子、租房子、訂契約，搬入遷出，會有許多的好處。就像我前面所說過的，『強運』的時候，你自己頭腦清楚，眼光較準，而且你所遇到的人，接觸的人也都比較祥和，事情好談。旺運的時候，對自己是利多害少，或根本不會碰到不悅的事物，何樂而不為呢？

記得很多年以前，在年初五時，有一個朋友來我家，抱怨說：他這個年，過得真不好，一直跑醫院。

我就報以同情的問了他幾句話，才知道原來是在年三十的除夕夜，他幫姨丈搬家。搬家的工人很粗魯打破了姨丈心愛的水晶燈，姨丈很生氣的嘮叨了幾句。等搬好了家。正準備先休息一下，吃個飯，誰也沒想到原先搬家的工人又回來了，而且又多帶了幾個人，凶神惡煞的把屋中還未整理的東西全部敲碎，把這位朋友的姨丈打得重傷。這位朋友也掛了彩。

還好這位朋友年輕挺得住。那位姨丈可是休養了三、四個月才好，真是無妄之災。

平心而論，除夕夜搬家定有不得已的苦衷，很少有人在除夕夜搬家的。由此可見運氣一定不好。運氣不好，又遇羊刃、有血光之災，這一天是不是不該搬家的呢？

倘若我們可以事先加以規劃，先弄清楚自己旺運、弱運的時段，對於產生變動的時刻加以注意修正，是不是可逃離這場災難了呢？

如何掌握旺運過一生

如何推算大運流年流月

第六節 『子女生育』的『強運』時間法則

何時是你『生貴子』的最佳時機

前面說過，結婚、交男女朋友都要選擇『強運』的時期來結合或瞭解。生產子女也是要選擇自己『強運』的時期來生產較好。

有些父母拿著全家小孩的八字，找我為其批命。我一看小孩的命盤中有幾個是好命的，有幾個命程較差。就指著較差的命盤問這位母親：『生這個小孩時，你家中的環境是不是不太好？你的心裡狀況不太愉快？』

小孩的母親答說：『生這個小孩時，與婆家相處的不愉快，天天都覺得快發瘋了！』

我說：『就是了！那時你的運氣不太好，所以生的小孩也缺乏財星的照顧，小孩的運氣與命理結構也相對的不太好了！』

又有一個女子為挽回相戀多年男友的心，故意懷孕，逼其結婚。婚是結了，孩子也生下來了。但是家中日夜吵鬧無寧日。那個男人最後還是跑了。這個女子拿了自己與孩子的生辰八字來找我，問我：她兩人的命是不是不好？為什麼會遭人拋棄呢？

舉凡我們相命的人，為即將出生的嬰兒尋找時辰，首重命裡帶財星，因為財星不但是一個人的『食祿』，而且是一種『人緣』。

沒有『財』就沒有『緣』

孩子命裡帶財來，在家庭裡父母養他就很輕鬆。進財容易，小孩子生活富裕也養得好，將來所受的教育程度也會較高。

孩子的旺運，會給家中帶來財喜，這是極端肯定的事實。他們與父母的關係也會比較親密，家人也會待他如珍寶般的呵護。

前面這個女子在自己弱運時，頭腦不清的生了這個小孩，連帶的這個小孩的命與運也不好。沒有財也沒有緣，給家裡不能帶來好運，也沒給自己帶來善緣。因此父母過得辛苦，他自己也很辛苦。這個不快樂的童年是可以想像的了！

真愛就是讓孩子生在『強運』裡

為人父母的都會很疼愛自己的子女，無不希望他們好的，你疼愛他要有方法。什麼樣的愛才是真正的愛呢？把愛建築在『物質』上，以為給他好的吃、好的喝就是真愛了？或是因為自私的關係而生他，再來怨他拖累自己呢？這兩種都不是！

真愛就是把自己、孩子、全家每一個人都扶持在『強運』裡，才是真愛！

每個人的運氣都會有強有弱，如何才能保持『強運』於不墜呢？只要你有誠心去關心這件事，你就做得到！

在一家人當中，很少有機會是全家幾個人都一起處在『衰運期』裡的，真要如此？你也就認了吧！

既然全家人的運氣有旺有弱，就可以互相扶持，互相幫忙。『弱運』的人脾氣比較暴躁，『強運』的人心胸比較開闊，要多忍耐原諒。等過了這個流月或流年就會轉好了。

計劃生育

生產子女一定要做家庭計劃。沒有計劃的生育，就會給自己及家庭帶來一輩子的煩腦，例如小孩不好教育、不聽話，與孩子無緣，不能溝通、小孩長大後成就不好，問題很多。有時小孩很早就離家逃家跟父母很少見面。

最近常在報上看到一些尚在國中就讀的小孩子，弒父、弒母的新聞這難道不是為人父母心中永遠的痛嗎？

目前青少年的問題日益嚴重了，追根究底，當然是沒教育好，但是誰來教育他們呢？他們能乖乖的接受教育嗎？

某些父母因本命或流年的關係，終日忙忙碌碌，與孩子相處的時間少，也不瞭解孩子們在想些什麼？父母在一種不確定的狀況下生了小孩，又沒有時間照顧他們，目前最多的情況是交與祖父母帶，或者是委託奶媽看護。因此在這類小孩的命盤中，我們常常可以看到的是『空宮』無主星的狀況，要不然就是『左輔』、『右弼』獨坐的狀況。由別人帶大的小孩，本命是不強的。幼年過得辛苦、熬到『強運』的時候，恐怕要到中年了。

孩子的個性

通常我們為人相命的人，為即將到來的新生兒找生辰，不但要重視財祿的問題，更要重視的是個性上的問題。個性上不好的小孩是很難教育的。再多的聰明才智都會浪費掉。

一般我為嬰兒找的本命命宮的主星時，比較喜歡找的本命命宮是『紫微』、『紫府』、『紫相』、『紫貪』、『天府』、『武府』、『廉府』、『太陽在巳、午宮，『天相居旺』、『貪狼居旺』、『天梁居旺』、『武相』、『陽梁』、『武貪』、『化祿』、『化權』、『化科』，另外『廉貞居旺』、『七殺居旺』也不錯，要看其家庭的狀況，一般以軍警的家庭較好。

在這些我比較喜歡找的是命宮坐命裡，都是個性趨向正派、正直，較守正不阿的人類族群。坐命『紫微』、『紫府』、『紫相』、『紫貪』、『天府』、『天相』、『天梁』的人，個性穩重，速度也較慢，很容易得到別人的尊重。『太陽』、『天梁』坐命的人較為仁慈，喜歡照顧他人。『武府』、『武相』坐命的人多是富可敵國、享福一生的人。『武貪』、『貪狼』、『七殺』坐命的人，講話、做事、思考的速度都很快。『貪狼』和『武貪』的人，一生都時有好運爆發，讓人羨慕。『廉貞』、『七殺』的人刻苦耐勞，很會策劃事務，又努力認真打拚，成就會很好的。

煞星當然不找，我也不喜歡找『天機』、『破軍』、『紫破』、『太陰』、『廉破』、『武破』、『武殺』、『廉貪』、『廉殺』、『機梁』、『巨門』、『同巨』、『機巨』、『文曲』，為什麼呢？他們只是享受父母對他們的愛護。大多數的人，跟家中的人都處不好。

『天機坐命』的人太聰明，甚至自以為比父母師長還聰明，不太好教養。再者天機坐命者，一生的運程中，多是財運不佳。財是太少了，一生的運程也相對的不旺。

『破軍坐命』的人，從小就身體到處是傷，太讓父母擔心了。『紫破坐命』的人也是一樣，一輩子都是東破西破的。『破軍坐命』者，不論旺弱，都很能打拚，但是破耗太多，流年不利時，會有生命危險。再加上『破軍坐命』者的個性喜歡交朋友沒有尺度；常會對邪佞之事感興趣，容易學壞，不好教育。

『太陰坐命』的人，不論旺弱男女，與家中陰人相剋，因此剋母，中年剋自己、老年剋女兒，與母親的感情不佳。這在孩童的幼年是非常辛苦的事。再加上太陰坐命的人多愁善感的本性，感情波折多，成就不會太大。

『廉殺坐命』的人，因雙星居平陷；人的聰明才智不高，容易流向黑道，且身體受傷機會多，常有傷殘及生命嗚呼的危險。個性上較凶悍，不喜正道，從職軍警可習正。

『武破坐命』的人，是因『武曲』這顆財星被劫，又居陷，是個慳吝的小人，不喜正道，故不選為『強命』。

『機梁坐命』的人，非常聰明，但一生財運太差，若有偏財運的格局好一點，但財來財去最終也是窮困。

『巨門坐命』的人，雖是做民意代表的材料。但是非太多，口角的問題是很嚴重，且不服管教，會造成父母很多的困擾與麻煩，**『同巨』的坐命的人，**因這『天同、巨門』皆居陷落，故而極懶，正事不做，喜愛玩樂之事，偷機取巧，不可能有成就。**『機巨坐命』的人，**他的一生的運程變化起伏大，如此比較辛苦，沉且財運也不算好，多招是非纏身故不取此命。

『文曲坐命』的人，因此命局桃花太重，桃花重的人，多愛談情說愛享艷福，成就不會太大。

『強運流年』生產

母親在準備生寶寶時，最好選在流年是在『強運』年份裡受孕、生產，生下的小寶寶，與你有緣，乖巧好帶，會讓你省下許多精力，及煩惱的事情，在『強運』時生產的寶寶，較少發生疾病，夜鬧的狀況。

▼天天『強運』一番

身體較健康，母親的身體也恢復的較快，精神上的負擔少，身心都愉快，帶起小孩來就輕鬆不少了。

流年命宮坐『紫微』、『紫府』、『紫相』、『紫貪』、『天府』、『武府』、『廉府』、『武曲』、『武貪』、『貪狼居旺』、『太陽居旺』、『天梁居旺』、『天同居旺』、『天相居旺』、『同陰』、『陽梁在卯』、『祿存』、『昌曲居旺』、『化權』、『化科』、『化祿』等星。在這些吉祥的流年裡，不管你是懷孕生子，都會圓滿得利，喜上加喜，順利而愉快的得到一個健康好運的小寶寶。

第四章　工作及事業運的『強運』時間法則

第一節　管理階級招考新進人員所必須注意的『強運』時間法則

有一天。我到一間公司去，這間公司的老闆和我是熟識的，可是我是第一次去他的公司。老闆在約定時間還沒有回來，於是我可以仔細的觀看這公司的運氣。

天天『強運』一番

公司裡的人都很忙，行動匆促、很有活力，讓我最覺得有趣的是，這家公司的工作人員，不管男女，都是個頭高大的人，走起路來虎虎生風，說起話來，中氣很旺。

看到這些讓我不禁莞爾失笑，為什麼呢？我心中想，別看這位老闆朋友年輕！他可是頗懂命理的呢！一般在命理上，高大的人又略胖的人，其命宮的主星都一定在旺位。只有『七殺』、『破軍』、『羊、陀、火、鈴』這些凶星坐命的人是相反的，不一樣的。可是這也很容易認出來。

『七殺坐命』的人，眼睛很大、瞳孔突出，奕奕有神。顴骨很高，旺位時，人長得不高，很精壯。有一種逼人的氣勢。很有權勢的樣子。

『破軍坐命』的人，臉型較寬橫，背厚。『破軍坐命』居旺時，身材五短，常有斜肩的毛病。『破軍居陷』時，瘦高，會有明顯破相、麻面的狀況發生，個性較凶悍。

『擎羊坐命』的人，臉呈長羊字型，中高身材，『擎羊』在旺位時，人則稍胖，『擎羊』陷位時，則瘦，並有傷殘破相的徵兆，也會有斜眼麻臉的。『擎羊』（獨坐）命宮的人，多有冷峻的凶相。

『陀羅坐命』的人，臉為圓型較寬較短，『陀羅』居廟旺時，人較胖。『陀羅』居陷時，人較瘦。都是身材中等不高，頭臉有傷痕或唇齒有傷的人。也會面露凶意。

『火星坐命』的人，長圓型臉，毛髮發紅（自然現象），也喜歡染黃頭髮。『火星』居旺時，身體略壯。『火星』居陷時，矮、瘦，麻面，有傷殘的狀況。常面露狠勁，腿腳常抖動、性急。

『鈴星坐命』的人，面型古怪、有稜有角，毛髮也會有有發紅的現象，喜歡染髮，追求時髦，瘦型，大膽，居旺位時較好，居陷位時較矮、傷殘破相，個性凶狠。

朋友公司裡的人員，都有溫文的氣質，做事速度快又有效率，整個感覺上，這是一個旺運的公司。

老闆朋友回來後，我向他提及這一點，他笑著說：「只是巧合罷了！」

我想他是謙虛了，其實他是真正懂得的。

用人要用高佻身材，精壯稍胖的理論，其實一點也不為過。你不信，你可以看看李登輝總統旁邊的人，是不是多是高壯的人，要不就是胖得人！這表示他也懂這個用人『強運』的道理呢！

公司裡『強運』的人多，公司自然運氣就旺了，生意興隆。弱運的公司，人員都會無精打彩，做事沒勁，生意也做不起來了。

公司的老闆不但要懂得多用高壯『強運』的人，尤其是會計部門，更需用『強運』的人。不可用矮小瘦弱的人、麻臉、臉上、身上多傷的人、極瘦弱的人、傷殘的人。

因為會計部門是公司的財庫，財要流通，有進有出才是活財。不能流通的是死財。死財會造成爛帳，也是不好。

矮小瘦弱的人、財星不旺，進財不多，再守財庫，只會耗財、敗財，是為大忌。

麻臉、多傷、傷殘的人，命中多破軍、凶煞之星，也是不利於財的，再讓其守財庫。敗財、耗財過多，對公司不利，也是大忌。

因此我們看一個公司旺不旺，看其主管會計部門的人員，就可一目瞭然了。

什麼樣才是好的會計人員呢?

當然是文雅的，中等以上豐腴身材的，精緻細密的人員才是最好的會計人選。秘書人員也是這樣的條件。

至於『破軍』、『七殺』、『羊、陀、火、鈴』坐命的人，最好做業務人員，利於衝刺打拚。

我們可以看到現在的前考試院長許水德先生矮胖、麻臉。他就是『破軍坐命』居旺的人。以前在做國民黨秘書長時期，為李登輝總統陣前打拚，其努力是國民黨中第一人。

可是『破軍坐命』的人不可靜下來，靜下來運勢就會減弱，因此文官是不適合他的，我們可以靜觀其運勢的轉變。

第二節　薪水族自身的『強運』時間法則

上班族的人在公司裡工作，因為是拿別人的薪水。因此在心裡上是有壓力的。這些壓力也會影響了你的薪水、前途、升官和工作的績效等等。

如何和同事相處愉快？如何在工作環境裡突出表現？如何向上級適時的表達意思？如何向老闆要求加薪？這恐怕是任何一個上班族的人都想掌握的學問吧！那我告訴你！這和「時間」有很大的關係！

現在你要翻閱自己的紫微命盤看看？和同事相處愉快的問題是：

天天『強運』一番

人緣好

你的流年、流月命宮中要有桃花星，如『廉貞』、『貪狼』、『紫微』、『太陰』、『天梁』、『文昌』、『文曲』、『天姚』、『咸池』、『天喜』、『沐浴』、『喜神』、『紅鸞』等星。必須居旺才行。

在這些星進入你的流年、流月時，你非常討喜、人緣佳，你和同事的關係和諧，你若須要幫忙，這時提出來，可得到幫助。

倘**若桃花星居陷你要少多話，**和是非保持距離，少去麻煩別人，以免自找麻煩。

突出表現

你若想突出自己的表現，多尋找吉星居旺的時候。最好再利用

『化權』、『化祿』、『化科』的力量，如此較能達成願望。但在『化忌星』進入流年、流月時，請千萬別表現，否則只會給自己帶來是非麻煩！

表達意見

你若想向上級表達意見，要選擇吉星居旺的流年、流月，最好還有『化權』、『化祿』、『化科』的進入。這樣你說的話，才會有份量，主管較能接受，去的時候，最好連吉時也選在自己『強運』的吉時，就萬無一失了！

加薪

你若想向老闆要求加薪，一定要選自己的旺運時間去要求，像流年、流月坐『紫微』、『天相』、『天府』、『天梁』、『祿存』這些星居旺的時候去談去要求；最好還有『權、祿、科』進入的時段最佳，要求較有效果。

此外『天同星』太溫和、衝力不足，你根本不想積極爭取。『武曲』入流年時，你的個性較剛，不太溫和，講話太衝，會引起反感。『貪狼星』人緣雖好，但你做事有些馬虎不經意，老闆一定會說再考慮，把你推拖掉的，『廉貞星』進入流年時，你雖很會計劃，但老闆的考慮更多，況且『廉貞星』當值的流年、流月中，很容易引起官非等禍事，不算是個好時間。

此外你再參考十二命盤格式中，屬於你的旺運時辰和老闆談，將會有喜出望外的結果！

第五章 『強運』時間法則的禁忌問題

我們常常從媒體上，如電視、報章、雜誌上看到一些政治人物得意時，呼風喚雨、趾高氣昂、言語盛氣凌人，咄咄逼人（民意代表尤甚）。可是在官司纏身、惡事敗露時，連反擊的聲音，都顯得無力了。這就是他們不知道持盈保泰、預留後福的結果。

其實平凡的一般人也是一樣的。『強運』時恣意的宣洩無制，等到弱運時，破耗及有仇的人、事、物都在那裡準備隨時討回公道來報復了。這人豈有不敗之理！

因此我們在身處『強運』的時候，尤其要注意的許多禁忌，是不可以再犯的。

淫禍

首先要談淫禍。此地所指的是一些不正當的感情及強暴等惡劣的行為。

不正當的感情裡，包括了不容於社會的婚外情與同性戀的感情等等。雖然感情的事情只是私人的小事情，有害於人倫法律時，自有法律的制裁。但是在有違天理倫常時，也會自食其果。這就是因果循環的問題了。

人在旺運時，若沒有把這些不正常的關係做一個了結。那因為這些繼續存在的問題所帶來的是非會繼續纏繞著你，終將無法擺脫這個是非有一天會爆發的困境。那一天就剛好是你進入弱運期的時候。

我們都知道人的運氣，有旺有弱，無法全是『強運』。因此也無法保證因果的事情不會發生，與其衰運時再來後悔，倒不如『強運』時，先不做有傷『強運』的事情，或是趕快結束這些不善的因果，為自己造更多的福運。

坐失機會

有些人自恃『強運』，在『強運』時，驕傲氣盛，以為自己是高人一等的。有些人更自以為聰明絕頂，非常人所能比擬。因此在極佳的運氣來臨時，如官運、古事運、貴人運等來臨時，因比自己預期得到的結果稍低，而不屑一顧以致喪失了大好的機會，造成『強運』的中斷，或是再也不上門了。這也是自食其果的結果了。

懶惰

人們常自恃好運，而不事勞動。這些人尤以『紫相坐命』的人、『同陰坐命』者、『機陰坐命』者、『同梁坐命』者、『天梁居巳、亥坐命』者為嚴重。

沒有努力，怎會有好的成績呢？倘若你利用『強運』的流年、流月更加的積極拼命，成就可能超出你原先命格『強運』的數位之上。

俗語說：『早起的鳥兒有蟲吃！』這是說『早起』是必然的、該做的。沒有這必然的『因』，那裡有『有蟲吃』這個後來的『果』呢？

因此在你享懶福之餘，也就不必冀望有天大的『強運』落在你頭上了。

自造惡果

在命相的生涯中，我常看到『破軍』、『廉殺』、『廉破』坐命的人及『羊、陀、火、鈴、劫、空』、『巨門』、『化忌』坐命的人，去從事一些非法的職業，開錢莊私人貸款業務，或其他色情餐廳等行業，他們最常問命相者的一句話是：『我今年有沒有官非？』

有此可知，他們也已經知道會惹官司入獄的這個惡果了，而每天只是逃避而已。

倘若你正處於這種狀況，那就是導果為因了。你若改行不做此類的勾當，豈不是不用煩惱了！

可是這些人似乎是無法脫離是非災禍的宿命。他們非得在這些是非災禍中打滾才能生活似的。因此『因果』就繼續循環、永無止境了。

我們瞭解了這些問題，是不是可以好好的用心想想，『強運』是這麼可喜！『衰運』又是這麼的可恨！怎麼樣可以遠離衰運，常保『強運』，這就在我們智慧的選擇了！

如何觀命解命
如何審命改命
如何轉運立命

第六章　如何處理『弱運』及反敗為勝

一般人對於『弱運』的看法，不外是：不進財、沒錢、人緣不好、升不了官，感情問題觸礁，考不上好學校、失戀了，或者是失怙失恃，失去了親人、朋友之類的。

而從命理的角度來看『弱運』，則是像遇到『廉殺羊』、『廉殺陀』，會失去自己生命的運勢，或嚴重的血光，才算是真正的弱運。

因此命相學者跟一般人的觀點是不同的。再用命相學者的觀點來看一般人的想法，就如同小巫見大巫了。因為錢財少感情不順等等問題對於死亡來說真是小事一樁了。倘若你也能從與命相學者相同的觀點來看待弱運，相信你很快的就能解決『弱運』難關的問題了！

但是也有些人在『弱運』裡，因為欠債的關係或是感情受傷的問題想不開而自我了結、自殺了，這又是很嚴重的問題了！很多人都想知道，衰運時，我怎麼辦呢？如何才能擺脫這種惡夢呢？

現在我們就來談談『弱運』時，如何突破難關？

首先要看看你的問題在那裡？是金錢的？感情的？升官的？和朋友的是非災禍（人災）？還是惹了官非（打官司）？

金錢問題

倘若你目前走的『弱運』是金錢的問題。我建議你看看下一個流年、流月命宮是什麼星曜？是不是財星居旺？倘若是的話，表示下一個月就會有財進，下一個年份會更好。

倘若下一個流年命宮也不是財星是又怎麼辦呢？

你可以看看去年的流年命宮好不好？去年流年命宮就是今年流年命宮的兄弟宮，其對宮的今年流年命宮的僕役宮（朋友宮）。去年流年命宮好的話，表示今年你會有兄弟跟朋友都會幫你的忙。你可以向他們求助，定會得到幫助。

再則你可再看看明年的流年命宮。明年的流年命宮是今年流年命宮的父母宮。若是也有吉星入座的話，你今年可向父母或長輩們求助，尤其是『天梁星』入坐流年父母宮內，再加『化權』、『化祿』更好，肯定他們只要聽說你有困難、飛奔而來幫助你的。

如此你周圍的人際關係忽然開闊了不少，認真算算可能會有近十人可幫你的忙呢？問題應可解決了！（此方法也可應用在別的問題上）

感情問題

倘若你的問題是感情問題，先看看你的流年命宮裡有無『擎羊』、『陀羅』這兩顆星，若是有，表示你心情很悶時，有自裁的危險，尤其是『太陽陷落』加『羊、陀』或『太陰陷落』加『羊、陀』最嚴重。倘若你的本命宮就有這兩種星組的組合，那可要小心了！千萬不要想不開！要知道生命的可貴，在於它可以證明『時間』所形成的真理！

這是什麼意思呢？

這就是說：凡事經過『時間』的洗禮後，都會失去它原來的樣子。現在你因為感情而痛苦，再過一年、二年……十年後再回想此事，那時事過境遷已很久遠，你會覺得以前因『感情問題痛苦得想自殺』的想法！實在是可笑的！幼稚的！因為一年、二年乃至於十年後你再也不會為這段感情痛苦了！以前種種真的好似昨日黃花消失得無影無蹤了。新的事務、新的環境讓你對很久以前的事情記憶也模糊起來！或是再也想不起來了！

『廉殺羊』、『廉殺陀』問題

『廉殺羊』、『廉殺陀』的問題，到如今都很難破解。我們從事命理工作的人，只能幫你點出來正確的流年、流月甚至流日，但是仍要你自己去小心。在將發生災難的流月裡，建議你去廟中居住修持，過了那個『三重湊殺』的月份及日子就好了，就算是躲過一劫了。

驚爆偏財運

法雲居士⊙著

『偏財運』就是『暴發運』！

世界上許多領袖級的人物、諾貝爾獎金得主、以及各大企業集團的總裁、領導級的政治人物，都具有『暴發運格』。

『暴發運格』會改變歷史，會創造歷史！
『暴發運格』也可以創造億萬富翁，是宇宙間至高無上的旺運！
在你的生命中，到底有沒有這種契機？
你到底屬不屬於那全世界三分之一的好運人士？

且聽法雲居士向您解說『暴發運格』、『偏財運格』的種種事蹟與內涵，把握住自己生命中的爆發點，創造歷史的人，可能就是你！

第七章　天天『強運』一番，快樂無比

好了！到了最後一章了，你在看過這整本書之後一定對你自己命盤上，每個宮中所具有的星曜有了極其清楚的瞭解了。也知道那些年或那些月份是處於強運期的吧！

那如何才能天天『強運』一番呢？

還是那句老話！『強運的時候攻！弱運的時候守！』自然一切太平、風調雨順、財運不斷、喜事連連了！

再次叮嚀：

『紫微在子』命格的人

『紫微在子』命格的人，有丑、未、巳、亥年是『弱運』。整個的命程上來說，是一年好一年壞，再三年好運，一年壞運，如此循環著。而且較強的運勢，集中在辰年、午年、申年、酉年、戌年、子年，屬於命盤上右半邊的運勢。

因此也可知道，你在龍年、馬年、猴年、雞年、狗年、鼠年運氣是特別旺的。這些年你可好好利用來衝刺，把人生推向高峰。在命盤左半邊逢到的年份裡，採用稍為進取，但不激進的方式來努力。在『弱運』的四個年份（丑、未、巳、亥年）採守勢，一定可保『強運』長久的。

『紫微在丑』命格的人

『紫微在丑』命格的人，有辰、戌、巳、亥年是『弱運』。整個命程上來說是四年好，兩年壞，再四年好二年壞的循環著。**較強的運勢集中子、丑、寅、卯及午、未、申等宮。**因此我們知道鼠年、牛年、虎年、兔年及馬年、羊年、猴年都很『強運』。這些年是你可奮鬥的年份。在『弱運』的四個年份（辰、巳、戌、亥年）採守勢，一定可保『強運』長久的。

『紫微在寅』命格的人

『紫微在寅』命局的人，有丑、卯、亥年是弱運。整個命程上來說，最『強運』的年份應是命盤上半部的運勢，從辰年的爆發『偏財運』的運勢，涵蓋了巳年、午年、未年、申年、酉年，一直到戌年再次的爆發『偏財運』為止的這七個年份。因此在這七個年份裡，你真該好好的掌握，才不負此生！其他『弱運』的年份，只要守住，使其平順、減少破耗。這一輩子你都能活在『強運』裡了。

『紫微在卯』命格的人

『紫微在卯』命局的人，有辰、戌、亥、子年是『弱運』的！未年『廉殺』若逢『羊陀』而造成的『廉殺羊』、『廉殺陀』也可能產生『弱運』，要小心！

整個命程上來說，在命盤上看是左下角的丑、寅、卯年是旺運和命盤上半部的巳、午、未、申、酉年是旺運。中間相夾的辰年『巨門陷落』的弱運，也會因卯年『紫微、貪狼』，若具有『火貪格』等爆發運而蔭庇而過。倘若你是具有這等偏財運的幸運兒，那在你的人生中，只不過在亥年破些財，在子年心情較悶，這些小事情是你的『弱運』了，因此你是太幸運了！比起別人來，你還有什麼煩惱呢？

『紫微在辰』命格的人

『紫微在辰』命格的人，巳年是『弱運』時期，可是對宮有『天同廟旺』相照。整個命盤裡只有『天梁』、『太陽』、『貪狼』三顆星居平陷。而其對宮或同宮都有居旺的星。因此可以說是一生都處在旺運中了，巳年『天梁弱運』，只不過是安享玩樂的成份居多，這怎能說是弱運呢？

由此可見『紫微在辰』命局的人，一生都在『強運』中，若再說命不好，真是違心之論了。

天天『強運』一番

『紫微在巳』命格的人

『紫微在巳』命格的人，有卯、酉、午、申、戌年較為『弱運』。其他像是亥、子、丑、寅年四年是好運，以及巳、未年是好運，在這兩組年份中都有『武貪格』爆發『偏財運』的機會。因此你若能把握好這兩組的好運，再在『弱運』的卯、酉、午、戌年四年裡守住錢財，減少浪費破耗，這一生因『偏財運』爆發所帶來的『強運』是一生也受用不完了。

『紫微在午』命格的人

『紫微在午』命格的人，有丑、巳、未年是『弱運』的。其他的年份運氣都不錯。我們可以從命盤上可看馬年，雖然有『紫微』坐鎮，但是前後都是弱運的年份，午宮若沒有『火、鈴』進入或相照，形成『火貪』、『鈴貪』的『偏財運』格局的話，其年雖有『紫微』，其『強運』也不會太強了。

倘若有『爆發運』其況就不同了。爆發運雖在未年有暴落的現象。但若能守住隱忍是非、不招惹是非、不多說話的原則，在後一年的『弱運』裡也會很平順的度過的。

『紫微在未』命格的人

『紫微在未』命格的人，其『弱運』的時候，只有卯年、巳年、亥年。卯年是『武殺』入宮『因財被劫』，會耗敗、敗財。巳、亥年是『廉貪居陷』，各方面運氣差。

我們從『紫微在未』的命盤上可以看到子、丑、寅年是平順的旺

運。午、未、申、酉、戌五年是較財厚的旺運。由此可知，你若把握好這些年的特性，好好把握努力，在弱運時減少浪費及減少應酬，一定可以安然生活在旺運裡的。

『紫微在申』命格的人

『**紫微在申**』**命局的人**，一生的『弱運』只有卯、未年。卯年是『天同居平』，對宮『太陰居旺』相照，只是多忙碌罷了，也算不得弱運。因此只剩下未年『天機陷落』的弱運了。可是又有對宮『天梁居旺』的貴人搭救，日子也不會太難過的。

『**紫微在申**』**命局的人又有**『**武貪格**』，每逢七年一次爆發旺運，讓你獲得龐大的財富和『強運』的事業，你還能嫌運氣不好嗎？

『紫微在酉』命格的人

『紫微在酉』命格的人，有辰、戌、巳、申四年較弱運。丑年『廉殺』入宮，若在三合四方的地帶上有『羊陀』來照會，或與其同宮有『廉殺羊』、『廉殺陀』的性命堪憂的痛苦的，也算是『弱運』的一種了。這樣加起來有五個年頭是弱運的了。

我們可以從命盤上看到屬於下部的亥、子年是連續的『強運』，從午年到未年、申年、酉年是『強運』。因此你可利用這兩組強運的連續年份裡，努力打拚，『陽梁昌祿』格會幫你氣勢如虹的升高官的。

在這個『紫微在酉』的命局中，若再有『火、鈴』進入卯、酉宮，和『紫貪』形成『爆發運』，你再在辰、戌等會暴落的年份守住錢財，這『強運』也可持續一生了。

『紫微在戌』命格的人

『紫微在戌』命格的人，只有亥年『天梁居陷』、申年『貪狼居平』較弱，和別的命局比較起來，這怎能算是弱運呢？亥年『天梁陷落』，可是對宮『天同居旺』，只不過放慢腳步享福去了。申年『貪狼居平』、若對宮或本宮有『火、鈴』進入仍有『偏財旺運』，只是旺度級數不高罷了。丑、未年『日月』同宮、相照，是忙碌財少的局面。如此來說，只要在弱運時不企求太多的話，『紫微在戌』命局的人，應該算是天天是『強運』了。

『紫微在亥』命格的人

『紫微在亥』命格的人，有子、午、卯、酉年是『弱運』。平均起來是兩年好運、一年壞運。

丑、未年時有『武貪』格的暴發運，造成命裡中突起極旺的高潮點。因此你若能把弱運年的破耗減低，不要多花費錢財，把暴發『強運』得來的錢財，做平均有效的分配在其他年份花用。那你這個『紫微在亥』命局的人也可以享受『強運』過一生了！

流年、流月、流日、流時的看法

許多的讀者來信詢問『流年、流月、流日』的看法。這本書《天天『強運』一番》的書中也常用到流年、流月，故我再次介紹流年、流月、流日的用法，以期給大家方便使用，不必再去查書了。

流年的看法：

流年是指當年一整年的運氣。子年時就以『子』宮為當年的流

年。以『子』宮中的主星為該年的流年命宮的主星。倘若是丑年，就以『丑宮』為流年命宮，卯年以『卯宮』為流月命宮。宮中的主星就是流年運氣了。以此類推。

辰年中，以『辰宮』為流年命宮，卯宮為流年兄弟宮、寅宮為流年夫妻宮，丑宮為流年子女宮，子宮為流年財帛宮，亥宮為流年疾厄宮，戌宮為流年遷移宮，酉宮為流年僕役宮（朋友宮），申宮為流年事業宮，未宮為流年田宅宮，午宮為流年福德宮，巳宮為流年父母宮。如此就可觀看你辰年一年當中與六親的關係，及進財、事業的行運吉凶了。

流月的看法：

流月是指一個月中的運氣。

要算流月，要先找出流年命宮（例如辰年以辰宮為流年命宮），再由流年命宮逆算自己的生月，再利用自己的生時，從生月之處順數回來的那個宮，就是你該年流年的一月（正月）。

舉例：某人是生在五月寅時。辰年時正月在寅宮（從辰逆數五個宮，再順數三個宮那是正月）

※幾月生就逆數幾個宮，幾時生就順數幾個宮，就是該年流年的正月，再順時針方向算2月、3月……

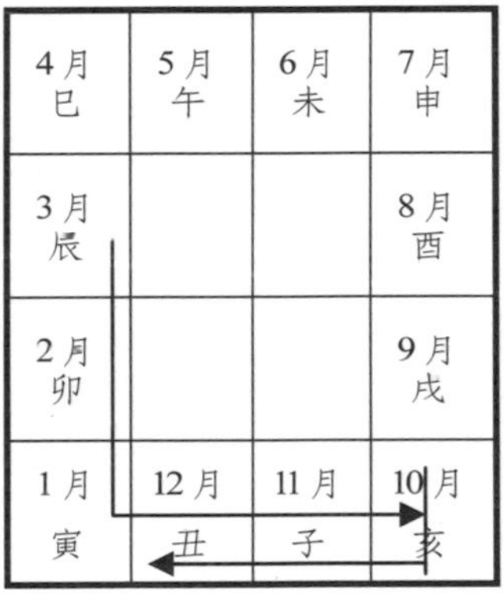

流日的算法：

流日的算法更簡單，先找出流月當月的宮位，此宮即是初一，順時針方向數，次一宮位為初二，再次一宮為初三……以此順數下去，至本月最後一天為止。

流時的看法：

流時的看法更不必傷腦筋了！子時就看子宮。丑時就看丑宮、寅時看寅宮中的星曜……以此類推來斷吉凶。

理財贏家非你莫屬

法雲居士⊙著

『理財』要做贏家，
就是要做『富翁』的意思！
所有的『理財贏家』都有自己出奇致勝的絕招。
有的人就知道自己的財富寶藏在那裡，
有的人卻懵懂、欠學，理財卻不贏。

世界上要學巴菲特的人很多，
但會學不像！

法雲居士用精湛的紫微命理方式，
引導你做個『理財贏家』從此改變人生，
也找到自己的富翁之路。

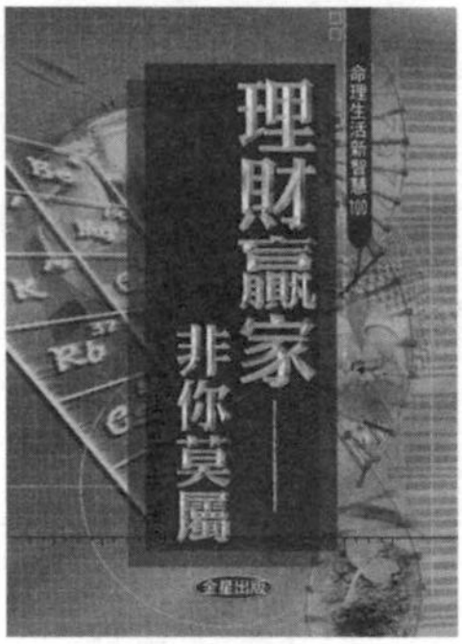

如何選取喜用神
上、中、下冊

法雲居士⊙著

(上冊)選取喜用神的方法與步驟。
(中冊)日元甲、乙、丙、丁選取喜用神的重點與舉例說明。
(下冊)日元戊、己、庚、辛、壬、癸選取喜用神的重點與舉例說明。

每一個人不管命好、命壞，都會有一個用神與忌神。喜用神是人生活在地球上磁場的方位。喜用神也是所有命理知識的基礎。及早成功、生活舒適的人，都是生活在喜用神方位的人。運蹇不順、夭折的人，都是進入忌神死門方位的人。門向、桌向、床向、財方、吉方、忌方，全來自於喜用神的方位。用神和忌神是相對的兩極。一個趨吉，一個是敗地、死門。兩者都是人類生命中最重要的部份。你算過無數的命，但是不知道喜用神，還是枉然。法雲居士特別用簡易明瞭的方式教你選取喜用神的方法，並且幫助你找出自己大運的方向。

吉人天相保平安

法雲居士⊙著

天災人禍常常是人類防不慎防的恐懼事件。日本 311、美國 911、台灣 921、南亞海嘯，無論是海嘯、原發幅射、恐怖攻擊、大地震，亦或是精神疾病、傷災、車禍對人的攻擊、侵襲，在在都會戕害人類的生命，傷害人類的肉體、心靈。

在這個混沌的世界裡，要如何做一個『吉人』？吉人自有天相，來保護自己的平安，預先掌握天機。

法雲老師教你趨吉避凶的方法，
教你找到自己的好時間。
來做一個真正的『吉人』自保平安。

致富達人招財術

法雲居士⊙著

『致富』是人生的功課，必須做到最優等。『招財』是人生的目的，也必須全方位面面俱到。但『致富』和『招財』，始終是多數人心中的疑惑與茫然。如何讓『致富過程』與『招財術』成為你一生的快樂法寶，讓你一生不匱乏，富貴永昌的過日子？如何讓『致富術』與『招財術』成為你人生增高的企機？

法雲居士在這本『致富達人招財術』中會清楚明確的提供了發財的方法，和真正『招財術』的技巧。讓你完成『致富達人』速成的絕招！

紫微斗數全書詳析

上、中、下冊、批命篇

法雲居士⊙著

『紫微斗數全書』是學習紫微斗數者必先熟讀的一本書，但是這本書經過歷代人士的添補、解說或後人在翻印植字有誤，很多文義已有模糊不清的問題。

法雲居士為方便後學者在學習上減低困難度，特將『紫微斗數全書』中的文章譯出，並詳加解釋，更正錯字，並分析命理格局的形成，和解釋命理格局的典故。一套四冊，使您一目瞭然，更能心領神會。這是一本進入紫微世界的工具書，同時也是一把打開斗數命理的金鑰匙。

紫微斗數全書《原文版》

法雲居士⊙著

這是一本學習『紫微斗數』原文版的工具書，也是學習『紫微斗數』的關鍵書，雖然此書是由古人彙集而成的，其中亦有許多誤謬之處，但此書仍不失為一本開拓現代紫微命理學問的一本好書。現今由法雲居士重新整理、斷句、訂正部份錯字，將之重印、再出版，以提供給紫微命理的愛好者，多一份溫故知新的喜悅。

您可配合法雲居士所著『紫微斗數全書詳析』一套四冊書籍，可更深切地體會、明瞭紫微斗數的精華！